FUTURE
INCUBATION

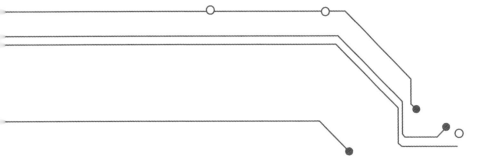

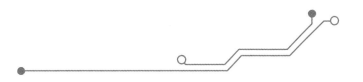

孵化未来

移动互联时代的孵化器运营逻辑

梅晨斐◎著

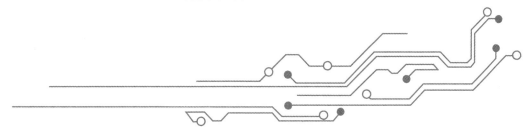

ZHEJIANG UNIVERSITY PRESS
浙江大学出版社

大部分人都远远低估了

做好一个孵化器的难度

创业孵化器的"自由意志"

冯华伟　　小村资本董事长

1987 年,武汉东湖高新技术创业中心成立,标志着中国创业孵化器的诞生。如今,创业孵化器已在中国走过了 30 个春秋,在这 30 年里,孵化器行业发生了巨大变化。尤其是 2014 年,李克强总理在夏季达沃斯论坛上提出"大众创业、万众创新"后,以创业咖啡店、众创空间为代表的创新型孵化器走上了风口,对传统孵化器产生了冲击。孵化器行业的变化主要呈现以下趋势:首先,孵化器主体更多元化,从传统事业单位、高校和国企等变为天使机构、地产商、媒体、跨国公司等,随着主体背景的变化,孵化器业态也更功能化了,从传统的针对留学生的创业园、高校的科技园变为天使投资型孵化器、联合办公型孵化器、媒体依托型孵化器以及大企业生态型孵化器;其次,孵化业务模式更全面了,由简单的提供租赁变为除了租赁外,还配套政策申报、人才招聘、融资对接、专业资源导入等创业服务;最后,随着业务模式的变化,孵化器的盈利模式也由传统的只收租金变为由租金收益、增值服务收益、投资收益等组成的综合收益。在国家"双创"政策的影响下,在传统孵化器和创新型孵化器的竞合下,国内孵化器行业空前繁荣。据不完全统计,2016 年,创业咖啡店、众创空间和孵化器等全国"双创"平台数量已将近一万家,数量高居世界第一。

然而,很多人发现,孵化器行业在经历了过去两年的快速发展后,今年国内孵化器的热潮正在减退,整个行业面临重新洗牌。不少知名的孵化器通过兼并的方式过冬,而大多数草根的创业咖啡店、众创空间等也逐渐消失了。不少人甚至质疑:孵化器到底有没有商业模式? 对于孵化器行业的衰退,从内部和外部因素来看,外部因素无非就是近两年的创业投资遇冷,孵化器的补贴受到政策周期影响等。而我们更应该重视的是内部因素,也就是孵化的本质是什么。在本书中作者已经给出了答案,孵化器的本质就是驱动创新,创新是"生长"出来的,而不是刻意"建设"出来的。因此,作为诞生创新的平台,创业孵化器也是需要有"自由意志"的。而目前大多数国内的孵化器普遍缺乏"自由意志"。我们可以发现,天使投资型孵化器往往定位于"Deal Sourcing",更关心投资标的的来源;联合办公型孵化器往往定位于"二房东",更关心出租率、租金、地段等数据;大企业生态型孵化器往往定位于"生态链",更关心企业主业和创业公司的合作……

其实,孵化器的本质是创业者完成早期创业闭环的重要平台,早期创业者不仅仅需要办公场地、天使投资、产业资源、媒体宣传等资源要素,更需要项目和商业上的咨询和辅导,来串联起这些资源要素,以迈过早期创业最艰难的时期。而这往往就是国内大多数创业孵化器所欠缺的。本书就对创业孵化器的各个组成要素进行解构和重构,探究孵化和创新的本质,探讨如何让创业孵化器具有"自由意志"。

从发展趋势上看,上一波的孵化主要围绕互联网行业,以轻资产类的互联网、移动互联网和文化产业为案例。下一波的孵化将以传统产业为主,以传统产业上下游衍生孵化以及传统产业与新兴产业结合为案例。国外的谷歌和亚马逊,国内的百度、阿里巴巴、腾讯和海尔,都围绕自己的产业生态,向上、下游延伸(甚至跨界),投资和孵化一批中小型规模的新兴企业。而这些做法最终的目的,是借助外部的市场化资源,逐渐把手伸出去,获取外部市场的新兴产业、产品、团队和技术,形成自己的小生态,或者说新的护城河。所以无论是对于投资者还是对于创业者来说,产业投资和产业孵化都是未来应当关注的重点。

本书作者梅晨斐是国内创新孵化的先行者,也是把创新孵化当成毕生事业来经营的人。对于创新孵化的探索,他总是不断改变自己的角色。首先,他是一位思考者,他以全球化视野思考创新和孵化的本质。我们知道,创业孵化器是舶来品,被创业者视为圭臬的YC、A16Z等欧美孵化器引领着世界创新孵化的潮流。晨斐对此进行了深入研究,总结其成功经验和模式以飨读者。其次,他是一位行动者。2016年,晨斐创办了独立品牌孵化器——STORIES,孵化了很多知名项目,取得了不俗的成绩,本书总结了STORIES从规划到实际运营中事无巨细的经验,堪称孵化器创业者的"红宝书"。最后,他是一位布道者。他将所有与创新孵化相关的工作内容和经历进行归纳和总结,将最有价值的干货,通过书籍、独立写作平台、播客等媒介原汁原味地分享给读者,值得大家细细品味。

自序

上本，是一个意外的结果

在《如何定义孵化器：创意破壳背后的神秘推手》一书的后记里，我曾经写道："这本书的问世，是一个很意外的结果，一切都是机缘巧合。从来没想到有一天，会把工作中有关的经历总结成文字文集，还能出版。"

《如何定义孵化器》是一本偏工具类的书，主要的受众是圈内的孵化器和风险投资机构从业者，以及目前正在创业或将来有计划创业的朋友们。虽然首印的数量不多，但还是得到了圈内一些朋友的认可，很快得到了再版的机会。

在写完并出版《如何定义孵化器》一段时间后，我一直在思考另一件事：我们一直在提，但大多数人都远远低估了做好一个孵化器的难度。我们在完成了对孵化器的初步了解，即完成了"如何定义"的步骤之后，接下去应该做什么呢？答案一定是挽起袖子着手去做。

这启发了我们这次的计划，即完成孵化器系列的下集：《孵化未来》。你可以把这本书看成是《如何定义孵化器》的续集。如果《如何定义孵化器》是理论，那么《孵化未来》就是实战。我希望这两本书的关系如下：《如何定义孵化器》探讨有关孵化器的榜样、需求、定义和关系；《孵化未来》探索有关孵化器的规划、招商、投资和未来。

在这本书中，我们将会涉及：国内孵化器的生存现状，全球知名孵化器 Y

Combinator 背后不为人知的内容,孵化器开业前的规划及装修,孵化器开业后的核心招商,孵化器最核心的投资及服务,未来孵化器的发展趋势分析。

下一本,打破一切常规

本书有一个核心观念——打破一切常规:

- 打破传统空间的组织方式

- 打破传统风险投资的方式

- 打破传统孵化服务的方式

在如今"大众创业、万众创新",各类孵化器遍地开花的时代,如果你想做成一件事(不管是创业还是做孵化器),唯一的办法就是:打破一切常规,进行差异化竞争。传统孵化器提供有三类服务:场地、投资和服务,我们逐一看下在现今的时代,如何进行颠覆和创新。

1. 打破传统空间的组织方式

联合办公空间,即在不影响空间使用体验的前提下,尽量减少空间中每个人的平均使用面积,将传统的 10 平方米/人的办公面积,缩减到 6~7 平方米/人。通过加强对办公空间设计的重视,在缩减物理空间的前提下,并不削弱空间使用的体验。

联合办公模式,即设计适合创业者的办公空间。不同的创业者,如互联网从业者、硬件创业者或游戏领域创业者等,对空间有不同的需求。创业者和一般白领对空间有不同的需求,部分特殊领域创业者会对空间提出特殊的需求。所以应通过提高对空间设计的重视,设计出适合特定创业人群的办公空间。

联合办公服务,即合作形式的重组。作为联合创业办公空间的运营方,如果希望在空间内能够提供同样优质的孵化服务和投资基金,需要和外部优秀的第三方机构合作,让专业的人做专业的事情。我们很少看到同一个团队能够同时提供最好的空间、投资和服务。

2.打破传统风险投资的方式

天使期的投资,资金量小、决策周期短,更需要投资者对人的判断、对行业未来的判断以及从不确定性中获取确定性的能力;中后期的投资,资金量大,注重风险控制,决策周期长,更需要的是投资者对资金利用率的理解、对行业的深度理解以及对资产价值的判断。

所以硅谷著名的投资机构提出了一种颠覆传统风险投资的概念:小金额、大批量地投资。每笔投资的金额从几百万美元缩减到几万美元,但投资决策速度缩短到了仅需一天,这样就不再是一次投资一个项目,而是一次投资一批项目。

3.打破传统孵化服务的方式

专注核心孵化服务,外包所有基础服务。我们把孵化服务分为基础服务和核心服务两类。基础服务包括公司注册、法律咨询、财务咨询、人力资源、政策申报等。

以上这些基础服务,市场上已经有非常多的第三方服务公司在做,经过多年的竞争和市场化运营,其中有不少已经能够提供性价比非常高的公司基础服务了。所以作为孵化器的运营方,没有必要招人来自己做基础服务,原因一是很难比这些第三方服务公司更专业,二是即使提供了这些服务,由于基础服务的溢价很低,很难从客户身上挣钱,客户也并不会因为孵化器提供了这些没有差异化的服务而心存感激。

孵化器需要抓在手里自己做的只有两项服务:项目咨询和商业咨询。我们的客户——创业公司,会因为没有做出用户需要的产品而死亡,也会因为做出的产品无法商业化而死亡。如果孵化器能够帮助客户解决这类需求,就能够提高客户的存活率；客户活下来并且发展得好，才有能力支付房租，才会因此记住孵化器，并且项目本身也才有股权投资的价值。

孵化服务，即由用户提出明确需求。与传统的孵化器不同，应该由客户（创业公司）反向来向孵化器提出明确的需求，例如导师对接的需求或后续投融资的需求。由客户发起，说明客户已经想明白问题在哪里、需求是什么，孵化器会得到更加明确的信息。并且，客户发起的需求，一般都是紧急且重要的事情，能够帮助客户一并解决这些需求，才能体现出孵化器的价值。

打破传统空间的组织方式，打破传统风险投资的方式，打破传统孵化器服务的方式。如果你想做一个不一样的孵化器，那就要准备好——打破一切常规。

通过写作，进行总结与沉淀

写作对我来说，能够沉淀工作和生活中的想法，是一个不断总结的过程。

经历了第一本书从选题、构思、初稿、修改、审核、出版、推广和渠道整个过程，我们收获了一点点经验。如果你也对孵化器行业感兴趣，希望你们会喜欢这本《孵化未来》。

目录

CHAPTER ONE

第一章

过去与未来:江湖的不定式

PAST   FUTURE

2015 年可谓是孵化器发展元年,2016 年则是众创空间发展元年。而之后,很多不同的声音不断涌现,谈论着国内孵化器热潮的减退。被多数人最常提及的问题是:国内孵化器的现状如何,热潮是否真的在减退?

我们先来看看国内市场化孵化器的发展历程、背景与几大参与方的发展情况。

国内孵化器的发展

国内孵化器行业的发展,从 1987 年第一家科技企业孵化器在武汉东湖的一处营房成立之时开始,到如今几乎遍布我国所有一、二线城市,前后经历了 30 年的风风雨雨。

国内科技企业孵化器的发展可以简单分为三个阶段:摸索期、成型期、发展期。在摸索期,孵化器的从业者主要是高等院校以及科研院所,核心目标是帮助院校内的科技成果进行转化;在成型期,国家政府和创投基金开始进场,孵化器被纳入国家创新驱动发展战略;在发展期,更多的民营资本、上市公司和成长型企业加入了战队,孵化器成为驱动创新的一种最新形态,以市场化的方式融入企业发展的实际过程中。

美国在二战之后的科技创新

孵化器这种形态是否适合中国的创业大环境?美国从二战结束之后至今的科技创新发展经历了 5 个阶段:(1)国家的军工实验室,(2)硅谷的学校实验室,(3)企业内部的研发中心,(4)企业外部的战略投资部,(5)最新的创业孵化器。

从整体的发展趋势来看,孵化器正在变得越来越市场化和越来越小单位。越来越市场化,是指从国家、学校到企业和完全市场化的孵化器,显示出一种逐渐外化的趋势。越来越小单位,是指从大型的单笔政府研发项目到如今细胞型的小微创业公司的发展趋势。

孵化器在国内还属于新形态的产物,与其他新形态的技术和商业模式一样,其在国内发展过程中也遇到了一些问题,这应验了一句老话:"新生儿都是无用且丑陋的。"

但归根到底,孵化器是驱动创新的一种最新形态。大企业需要持续的财务收入,所以需要创新;小企业需要实现个人价值,所以会去创业。只要这种创新和创业的内生需求还在持续,就需要一种组织形式上的载体去承载这类需求,而孵化器就是这类载体。

VC① 和孵化器

VC 大热是否让早期创业者更容易接触资本?看完纯粹的市场化的孵化器,我们再看看孵化器与 VC 之间的关系。

由于互联网的快速发展,早期创业者接触 VC 的过程确实在变得越来越透明,但本质上效率并没有提高。我们看到大部分最终成功的投融资案例,还是来自线下对接和朋友推荐。

机构每天收到几十甚至几百份的商业计划书(bussiness plan,BP),即每年收到上万封的 BP,目前还没有形成有效的筛选和发现机制,来发现和判断出优秀的项目,形成更高效的对接。目前通过朋友和财务顾问(finance advisor,FA)的推荐,即通过他们的一次筛选,仍然是最高效的途径。在这个领域,互联网的数据化和计算机的智能化,还没有取代人力。线上对于 VC 的更多意义是在品牌推广层面,还没有触及实际业务层面。

至于孵化器行业目前所呈现的退烧态势,是正常的,就像大部分创业公司在早

---

① Venture Capital,风险投资,简称 VC。

期经历媒体报道和宣传之后会形成一波短期退潮一样,是一个自然的去泡沫的过程。

孵化器也是一样,它正在回归本质,做自己该做的事情。

地产商和高校

接下来,我们看看房地产商、高校与孵化器之间的关系。太多的孵化器由地产商和高校主导并不完全是一件好事。套用二分法①的理论,有好有坏。

先谈坏处,地产商带来的更多是空间资源,在创业团队需要的核心产品策略和融资服务上并不能提供很多帮助。而高校背景的孵化器由于自身体制的原因,并非进行市场化运营,所以效率不高。

再谈好处,我们在后文中也会提到:结构上,单一背景的孵化器将逐渐弱化,多方背景的孵化器将逐渐凸显出优势。毕竟,空间、政策和人脉资源对早期创业团队来说仍然有很大的帮助。

政府和大企业

由政府主导和大企业内部支持的孵化器发展得又如何呢?

政府主导的孵化器模式很有趣。现在国内很多地方政府主导的孵化器,也在逐渐变得更加市场化。政府主导主要体现在品牌上,同时政府提供空间、政策和部分前期装修和管理费支持,而实际运营会更多地引入市场化的品牌服务机构。

近两年,企业内部孵化器逐渐增多,这是一个很好的趋势。在美国,我们看到包括谷歌、微软、(美国)国际商用机器公司(IBM)、迪士尼、耐克、T-Mobile 等很多企业,都在自建内部孵化器。在国内,腾讯有"腾讯众创空间",阿里巴巴集团有"阿里巴巴创新中心",海尔有"海创汇",联想有"联想之星",最近我们看到很多传统的制造业公司也在筹建企业内部孵化器,希望以此激活企业内部的创新活力。

---

① 是一种通过不断排除不可能的情况,最终找到所需要的东西的一种方法。

简单复制在国内是走不通的

2015 年对所有孵化器行业从业者来说，都是关键的一年。这一年可以说是孵化器市场化发展的元年。在 2015 年之前，国内的孵化器行业更多是由政府主导。而在 2015 年之后，随着"大众创业，万众创新"潮流在国内如火如荼地发展，包括高校、房地产和投资机构在内的市场化力量，逐渐代替了政府，成为孵化器行业的主导力量。

同时，行业内的新玩家也在通过快速地学习国外知名品牌孵化器的模式，来补齐自己对这个行业知识的短板。但造成的后果是，大家都号称要在国内复制国外的×××孵化器，但在具体的产品和玩法上却仍然停留在传统阶段。这样的结果，大部分原因在于，从业者对这行并没有丰富的经验，根本没有形成原创模式。

期待快速学习海外的品牌，然后在国内进行简单的复制，在大部分情况下是不可行的。

差异化的思考方式

市场上多家科技媒体和创投机构所做的有关国内孵化器的生存现状的统计报告，视角大多采用"由上到下"的模式。和大多数创业公司一样，这种模式可以从表面上看到一些信息，但是很难从根本上理解一个行业并最终发现其中变革的可能性。所以我们作为孵化器的实际运营人员，决定从反向的视角，"自下而上"地剖析孵化器的行业现状，并对孵化器所提供的服务进行重新思考。

我们没有复杂、冗余而无用的数据,只有丰富的经验和深度的思考,所以可以用简单、精准而又清晰的逻辑,告诉你孵化器到底在做一件怎样的事情。

国内孵化器的传统运营模式

目前国内的孵化器品牌,在操作模式上大都非常相似:在规划上,对于孵化器的定位和差异没有明确的意识;在运营过程中,期待做大而全的综合性孵化器,包含场地、服务和投资。但最终会发现没有差异化,很难做出特色。只有遵循市场化的操作,在垂直细分领域提供服务,这样的孵化器才能体现出优势。

国外孵化器的差异化运营

Y Combinator①:它以自己实际的经验,证明了场地和投资不是孵化器的核心。YC 的核心在于强大的校友会资源以及连接投资项目和导师资源的有效机制——Office Hour②。

500Startups③:孵化器的创始人背景、经验和知识结构,在很大程度上决定了这个孵化器最终的投资风格。500Startups 创始人戴夫·麦克卢尔(Dave Mc-Clure)的营销背景,决定了 500Startups 偏向于投资所谓"商业,离钱近"的项目。YC 创始人保罗·格雷厄姆(Paul Graham)的工程师背景,决定了 YC 偏向于投资偏"技术、黑科技"的项目。

Plug and Play④:孵化器的扩张方式有两种,场地扩张和服务扩张。场地扩张包括在全国不同城市以及全球多地开办实体店;服务扩张包括与大众汽车、比特币(Bitcoin)、零售商、学校等合作孵化计划。

Rocket Internet:利用地域和时间差这两个因素,快速复制在美国本土已经经过验证的产品和商业模式。

---

① 美国著名创业孵化器,简称 YC,其创始人为硅谷创业教父保罗·格雷厄姆(Paul Graham)。
② Office Hour 是指投资项目创业者与导师面谈的时间。——编者注
③ 专注于早期阶段的创投公司。
④ 硅谷极具代表性的孵化器,曾投资孵化过 Dropbox 和 Paypal 等公司。

上市公司：未来的可能性

之前已上市（或尝试上市）的孵化器，都是以打包被投企业资产的方式。区别只是投资资金的来源，是来自政府（例如 Maayan Ventures①）还是来自市场化基金（如 Idealab② 和 RocketSpace③）。

重新思考场地、投资与服务

重新思考场地：在孵化器的日常服务中，场地将是首先被弱化的服务。为创业团队提供稳定、安全、合适的办公场地仍然是非常有必要的。但在未来，场地将只是孵化器的基础服务之一。

重新思考投资：在孵化器的日常服务中，投资将是第二被弱化的服务。与十年前不同，随着更多风险投资基金进入市场，我们进入了一个反向的创业项目挑选投资人的时代。强大的品牌背书和实际有效的投后服务是所有 VC 在这个所谓的投资泡沫时代体现差异化的方法。

重新思考服务：在孵化器的日常服务中，服务将逐渐引起重视。创业项目缺的是真正及时和有效的服务。无法被量化的东西往往容易被低估，孵化服务就是其中之一。但是这并不能掩盖优秀孵化服务的价值。

重新思考瓶颈：孵化器的瓶颈不在于场地和投资，而在于服务。服务的背后是人，优秀的人事是很难复制的，这导致了提供的优秀服务也很难快速扩张。

重新思考做孵化器的目的

我们看了国内孵化器的传统运营模式，也借鉴了国外孵化器差异化的做法，并且评估了孵化器在未来上市的可能性。但是，单纯抄袭国外的模式，在国内是很难行得通的。

无论是学校、政府、VC、地产或传统公司，都有自己独有的优势，都希望通过吸

---

① 一家以色列早期的技术孵化器，专门从事建立品牌和营销技术产品。
② 于 1996 年建立，主要创建和经营创业公司。
③ 一个联合办公空间，是美国旧金山最大的科技创业公司加速器。

引和投资优质项目,达到各自的目的(政绩、税收、科技地产差异化、品牌影响力、后轮融资锁定、传统产业转型等)。

单纯抄袭在国内是行不通的,大家在上游都拥有场地、投资、导师、政策和品牌资源,希望在下游获取影响力、财务回报、土地资源、政府政策和案源锁定,但是在中间缺失的是一支有经验并且愿意把孵化器当作创业项目来运营的团队。孵化器本质上也是一家创业公司,所以一切也取决于团队、时机、资本、经验、运营、环境、方法、节奏和运气。孵化器缺失的是:有经验的团队,在早期的整体规划以及在过程中以正确的方法和合适的节奏去运营孵化器。

在未来,单一实体背景的孵化器将会受限于自己单方面的资源。能够同时获取 VC、地产、政府和大公司资源的孵化器将会更加具有优势。

孵化器未来的发展趋势

趋势一:结构上,单一背景的孵化器将逐渐弱化,多方背景的孵化器将逐渐凸显出优势。

趋势二:经历了早期荒蛮和中期的泡沫,现在的孵化器进入了差异化的时代,如何体现差异化是今后的重点,所以以专注细分领域为标签的孵化器将更有优势。

趋势三:孵化器将越来越向创业公司靠拢,更加市场化的孵化器才能吸引更加优秀的人才,运营效率才会更高效。孵化器发展的市场化势不可挡。

孵化器本质上是地产、投资和咨询的结合体,它追求以更高效的方法为创业团队提供及时和有效的服务。孵化器如何做成上市公司,虽然在国外业界有先例,但是在国内还没有答案,也尚不存在"银弹"①。没有标准答案,充满了不确定性,是创业和投资之所以艰难而又好玩的原因。

---

① 即银质子弹,指纯银或镀银的子弹。在欧洲民间传说及 19 世纪以来哥特小说风潮的影响下,银色子弹往往被描绘成具有驱魔功效的武器,是针对狼人等超自然怪物的特效武器,后来被比喻为极端有效的解决方法,作为杀手锏、王牌等的代称。——作者注

什么是真正的孵化器之劫

每年年初,我们都会通过一篇原创的文章,来总结对当年孵化器发展趋势的一些预测。2015 年,我们曾经提出三个趋势:(1)多方背景,(2)细分领域,(3)市场化运营,且未来不符合以上三个条件的孵化器将逐渐被淘汰。之后孵化器行业的发展,基本印证了这个思路。2016 年,我们认为这一年是孵化器市场洗牌的一年。我们已经看到了一些迹象:

一些在资金层面按照市场化方式操作,但是在整体规划和内部运营管理方面,却仍然沿用类似国有企业或大企业操作流程的孵化器运营公司,已经在开始寻求出售。这是一个围城,一些公司当初感觉做孵化器很有吸引力,一时冲动踏入这个行业后却发现,完全不是当初想象的样子。最后孵化器的运营结果是,上游缺乏客户渠道,中游没有核心的产品、服务及高质量的客户,下游优秀的投资机构和第三方服务机构当然也没有动力积极介入;内部人员结构混乱,人员流失率高,初期募集的资金无法维持后期扩张高昂的租金成本和运营成本(孵化器空间开业之后存在一段较长时间的爬坡期)。简单来说就是,没有团队、没有客户、没有产品、没有服务、没有思路、没有模式、没有资金。

除了市场化运作的孵化器,大部分政府部门旗下的孵化器或者说与国有企业和政府政策联系非常紧密的孵化器,只能依靠每年被评上市级或国家级孵化器资质之后的政策补贴收入来勉强度日,维持基本的收支平衡。

洗牌从另一个角度看也是一件好事,它让从业者都能回归商业的本质,回过头来反思一些哲学问题:

- 我到底是谁?
- 我服务于谁?
- 我能提供什么?

说完预测,再讲讲我们对孵化器的看法。我们一直在尝试做好孵化器,那孵化器到底在做什么呢?我们认为,孵化器的核心问题是:如何驱动创新?其中的两个字"驱动"很重要。孵化器的核心问题绝不是自身如何创新,创新的主体一定且永远会是卷起袖子干活的终端创业者们,孵化器、VC、FA和其他服务机构都是配角,不可能也不要喧宾夺主。但如何能够驱动一个团队、一家公司、一个社区、一座城市乃至一个国家的创新活力,是孵化器需要一直思考的核心问题。

如果你能想明白上面那句话,你就能想明白,为什么今日头条要做"头条号创作空间",SOHO要做"SOHO 3Q",国内多地号称要打造"中国的硅谷",李克强总理在2015年年初要公开支持发展"众创空间"。政府、企业家、风投和开发商都是聪明的。团队、企业、城市和国家层面都在从事和鼓励同一件事情,不是单纯为了做房地产或者投资,而是在尝试寻找一种解决方案,能够驱动一个组织(小到公司,大到国家)内部的创新活力。

我们经常提到的场地、咖啡和投资等都只是硬件;创业营、Demo Day(演示日)、活动等都只是软件;投资人、导师、企业家等都只是资源;硬件、软件和资源有些时候是必需的,但它们都没有触及孵化器最核心的终极需求和问题。

记住,孵化器需要回答的永恒问题只有一个:如何驱动创新?而我们要做的,就是永远前行,保持思考。

如何稳定赚取 60 倍的收益回报

所有的商业模式，如果没有涉及对于成本结构的改造，都将只是停留在表面。

风险投资（VC）的本质是投资——我给你钱，你给我股份。联合办公的本质是针对创业的房地产经营——我给你空间，你给我现金。财务顾问（FA）的本质是咨询服务——我帮你找到钱，你给我佣金。孵化器经常因为没有思考清楚而导致定位模糊，什么都做，但什么都没做好。所以在进行成本改造之前，首先要完成的是自我定位。孵化器自身的定位，决定了未来其在成本改造上的方向。

以 YC 为例，其自我定位就是最早期（种子阶段）的风险投资机构。YC 孵化器从 2005 年成立至今，地址从美国东北部的剑桥搬迁到西部的湾区，合伙人从 4 人扩张到 19 人，服务从短期的暑期夏令营到完整的创业生态系统，先后投资了超过 1000 家创业公司，聚集了超过 2400 位创始人，所有项目的估值总和超过 650 亿美元。

作为一家成立超过 10 年、在一级市场从事早期科技企业股权投资的孵化器，对比二级市场上各大投资银行的市值，会是怎样的一种情况？[①]

接下来，我们详细看看 YC 的成本支出和财务回报。

---

① 当然，这里只是给大家一个初步的印象，毕竟市值和估值是两个概念。而且，650 亿美元是 YC 所有投资项目的估值总和，而 YC 实际投资所占的股份份额是非常低的。

成本支出

- 空间成本:零。 YC 不提供场地,也不提供住宿。

- 人员成本:全职合伙人、兼职合伙人、导师、团队成员、实习生薪水等支出。这些与一般 VC 没有差别。

- 推广成本:从 YC 每年收到的报名数量以及海外项目的比例,可以看出 YC 的推广效果是无人能出其右的。 一年两次的 Demo Day(演示日)可能是 YC 费用最高的推广方式(实际上也不会花很多钱)。 而最有效的推广反而来自 YC 合伙人的博客文章以及历届 YC 投资项目的品牌和口碑传播。

- 投资成本:从 2005 年开始的 1.5 万美元到现在的 10 万美元。

- 投后服务:最有效的投后服务是导师对接,时间成本高但财务成本低。

财务回报

我们的关注点是:总投资成本、估值溢价、生命周期、奇点效应①。

- 总投资成本:YC 历年来投资于早期项目的所有资金(基金)总和。

- 估值溢价:YC 孵化器的价值,体现在对于项目的投资(前期的眼光)和服务(后期的服务)上,数据上部分反映在该项目估值的溢价上,估值溢价是我们关注的第一个点。

- 生命周期:考虑到资金的时间价值,所以我们关注的第二个点是生命周期(或者说退出周期)。

- 奇点效应:考察单个奇点对于当季所有项目甚至整个孵化器品牌和财务带来的影响。 此外,还要考察抛开奇点效应之后,孵化器平均的退出财务表现情况。

────────────

① 这一概念由雷蒙德·库兹韦尔提出。他认为,人类正在接近一个计算机智能化的时刻,计算机不仅变得愈发聪明,甚至会比人类更聪明。届时,人类(身体、头脑、文明)将发生彻底且不可逆转的改变。"奇点"是指人类与其他物种(物体)的相互融合。确切来说,是指电脑智能与人脑智能兼容的那个神奇时刻。奇点项目包括:Grove,MailGun,Heroku,OMGPOP,Wufoo,Reddit,Parse,Dropbox,Airbnb,Zenefits,Stripe,Instacart。

累计 8 年,带来 63 倍的每期项目估值溢价

截至 2012 年(由于 2012—2015 年的大部分项目还没有退出,无法计算),每期投资项目平均为 25.5 个。伴随着 YC 对于孵化器本身理解的加深、YC 自身品牌影响力的扩大、互联网及移动互联网行业的兴起以及成本的下降,交易数量也不断上升。

YC 每期项目估值溢价比[①]的均值为 6267%,约为 63 倍。去除奇点后项目估值溢价比的均值为 2314%,约为 23 倍。首先需要注意的是,此处的数据只是项目估值的溢价比,并不是 YC 投资的实际财务回报。但是我们在这里关注这个数据的原因在于,YC 的内部逻辑能够帮助项目找对方向并获得快速成长。而 YC 自己的收益一定是伴随着它所投资的孵化项目的成长而增加的。只有项目获得超额的增长,YC 才有可能获取超额的财务收益。

项目平均退出周期为 2.58 年,去奇点后项目平均周期为 2.55 年。这里我们看到的是,项目的平均退出周期还是比较短的,约为两年半。而一般情况下,大型明星项目的退出周期要比一般小型并购项目的退出周期长一点,所以在去除奇点项目后,我们看到平均周期缩短了 0.03 年。

项目估值年化溢价比[②]为 1981%,约为 20 倍。去奇点后项目估值年化溢价比为 994%,约为 10 倍。我们看到,即使不算 YC 那些独角兽明星项目,YC 本身通过小型并购等方式退出的那些并不知名的项目,平均每年的项目估值溢价也能达到 10 倍左右。这样的数字,能够给 YC 带来比较高的财务回报。换句话说,即使没有那些明星级别的创业项目,YC 本身也能完成自我造血。

如何做到这样的高回报率?

弄清自身定位以及进行成本改造是关键。看似简单的一句话其实暗藏玄机,在创始人保罗·格雷厄姆经营的时代,YC 更像是一家在获取个人财务自由之后,

---

① 即项目在进入 YC 时的估值与项目在最后一轮退出或被收购时估值的对比。
② 即考虑了项目退出周期后的年化估值溢价。

从兴趣角度出发做非营利性项目的公司。而如今在萨姆·阿尔特曼(Sam Altman)接手后,YC正在逐渐转变为一家完全市场化、商业化的孵化器。

我们一直在思考孵化器的市场化运作,而要改造一个行业,就必须涉及这个行业成本结构的再造。而要再造成本结构,首先需要做的事情是定位:孵化器到底是一家投资公司、一家房地产公司还是一家咨询服务公司?在明确了这个问题之后,我们再看针对这个领域,如何进行成本结构的改造。

YC是一家投资公司,在成本结构上,就该以更低的成本获取质量更高的项目,并且不断提高项目的价值。为了做到这一点,YC对于成本结构的改造如下:

- 大量获取案源:每期报名的项目数量在6000个以上。
- 快速筛选案源:面试交流＝尽职调查（Due Diligence,DD）,即改变了传统的尽职调查环节,将传统冗长的业务、财务和法务环节,压缩到了面试交流时仅仅10多分钟时间内。 面试前做充分的准备,面试中问关键的问题,面试后快速给出回复。 由于改变了DD流程,即减少了做尽职调查的时间成本,同时降低了需要投入去做尽职调查人员的财务支出。
- 降低投资成本:基于YC已经达到的品牌背书和影响力,YC可以把项目的估值压得很低。
- 提高服务价值:YC有雄厚的导师资源,能提供真实的导师对接服务。
- 对接后轮融资:大型的Demo Day和YC的品牌背书,都是为了帮助项目对接后轮融资。

总体而言,YC的成功要点在于:更多的上游案源,更快的项目筛选,更少的单笔项目投资,更扎实的孵化服务,更高效的后轮融资。

绝大部分的人感觉创业投资像是在碰运气,比赌博风险还要大,而YC用了10年时间,做了800多个项目,带来平均60多倍的单个项目估值溢价。这告诉我们,只要结构足够合理,从长期来看,孵化器也可以有稳健的财务回报。

YC 的真正"恐怖"之处

作为全球孵化器的老大,YC 在孵化器运营策略上的很多地方值得我们借鉴,其成果更是意料之外的"恐怖"。

"最高比例"的国际化项目

传统孵化器或 VC 要想投资海外项目,一般做法是外派或在当地招聘一名所谓的大区域业务总监。

YC 的惊人之处在于,它在不实际走出湾区的情况下,已经完成了所有孵化器都梦寐以求的国际化——YC 已经有 50％左右的项目来自美国本土以外,包括日本、中国、印度、南美和欧洲等。

"最高效率"的项目交流

传统孵化器和 VC 的项目接触有一套标准流程,造成某些项目要么根本没有时间看,要么回复周期非常长。

YC 的"恐怖"之处在于,它能够在两三周内完成 6000 个以上项目的网络筛选、内部(孵化器内部人员)项目评估和面试沟通。这种批量化的处理大大缩短了项目的回复周期。

"最少金额"的孵化投资

国内早期孵化器的投资标准一般都参考 YC,在 2 万美元左右。随着风险投资机构和资金的通货膨胀,现在部分孵化器的投资上限提升到了 50 万元人民币。

YC 的"恐怖"之处在于,始终坚持 2 万美元(11000+3000X)的投资金额标准。当然,这背后有很多的考虑,包括互联网行业创业成本的持续下降,对于创始人年龄和投资金额底线的探索等。

"最少面积"的场地支持

有传统地产、政府或学校背景的孵化器,都会在内部投资和孵化的项目初期提供免费的联合办公场地。即使是后期,场地价格对于创业团队来说也是比较友好的。

YC 的"恐怖"之处在于,以自己的实际经历证明场地并不是孵化器的核心要素。首先,YC 不提供办公场地;其次,YC 不提供住宿场地。但是,YC 仍然非常坚持在 3 个月的孵化周期内团队必须前往湾区工作。

"最低成本"的尽职调查

传统孵化器或 VC 在某种意义上属于劳动密集型企业。人和时间决定了这家 VC 前期项目交流、中期尽职调查、后期投后服务的项目数量上限。

YC 的"恐怖"之处在于,YC 的面试本身就是尽职调查中最重要的部分。面试结束之后保罗·格雷厄姆就会做出决定,并且电话通知所有入选的项目团队。如何以最少的时间和最低的成本完成尽职调查? YC 的答案是:面试交流=尽职调查。面试前做充分的准备,面试中问关键的问题,面试后快速给出回复。YC 对于项目的面试是批量化的,从而导致尽职调查也是批量化的。

"最有成效"的导师对接

在传统孵化器中,导师都只"活跃"在网站页面的照片上。

如何帮助每批 30 个以上的项目找到合适的导师,并且打通交流机制? YC 的方法是,在后端提供充足的顾问、导师和兼职合伙人,并且在中间层通过"Office Hour"平台打通项目与导师之间的对接渠道。

为什么中国版 YC 还未诞生?

前文剖析了国内孵化器的现状,并且分析了 YC 这家如此成功的孵化器背后一些不为人知的运营模式。很多人心中不免会浮现出这样一个问题:中国为什么没有出现像 YC 一样成功的创业孵化器?

YC 并不是一夜建成的。YC 从 2005 年成立到现在,已经 12 年了。好的孵化器更是需要各方面的长期积累,不要期待一蹴而就。

商业模式

孵化器本身就是一个多态系统,需要同时做好空间运营、项目投资、投后服务三件事情。什么叫多态系统?意味着你要同时兼顾房地产公司、风险投资公司、战略咨询公司三种业态的事务。

复杂性

孵化器本身是一个复杂系统。什么是复杂系统?建造一个大楼是简单系统,办好一所大学是复杂系统。做一个和 YC 同样成功的孵化器,和办一所成功的大学一样复杂,需要时间积累,持续地磨炼,不单纯是做房地产,还有关品牌、有关师资、有关招生、有关课程的建设。

19

孵化器的核心是什么?

可能有人会说,孵化器众创空间就是做"二房东"嘛。确实,在孵化器发展的探索期,作为一个舶来品,多数从业者都还没摸清楚孵化器运营的核心要素和最终目的,难免会简单地把孵化器运营理解成对办公空间的改造和租赁。所以在外行人看来,这不就是"二房东"吗?为中小企业提供小面积的办公空间。这种观点道出了目前国内孵化器不得不去面对的一件事:出租场地确实是能够为孵化器实现财务自由去做更多创新的基础。而对于孵化器来说,差异化真正的核心一定是对创业者真正有帮助的"产品咨询+商业咨询"。

为什么中国版 YC 还未诞生?正如本书开篇所说,大部分人都远远低估了做好一个孵化器的难度。

章节延伸阅读

IPO.fm 专访 STORIES 联合创始人梅晨斐：
做孵化器不是当"二房东"

把鸡蛋放入篮中码好，给之以稳定光照和悉心照料，直到小鸡破壳而出。在创投圈里，孵化器做的是差不多原理的事，只不过对象换成了羽翼未丰的创业公司。

"大部分的孵化器在做三件事：提供空间、提供服务和投资。在这三件事里面，空间为主，投资为辅，不太注重服务。"

STORIES 的孵化器与其他孵化器最大的不同在于，它把重心放在了服务上。

"就我们的业务来说，我们把服务看得最重，占比 50％，剩下的投资和空间分别占 30％ 和 20％。"

"背靠一个房地产公司，然后做空间、收房租，其实做的就是个'二房东'做的事情，不好玩嘛。"

STORIES 有自己一套独特的理论。梅晨斐曾想放弃实体空间，开办一个纯提供投资和服务的线上孵化器。"但是最终还是在 2017 年 3 月做出了一个实体空间出来。因为 STORIES 是个新品牌，背后没有大牛帮忙'站台'，在这个品牌爬坡期，还是需要一个线下的点来吸引创业者的。"

那么所谓的提供服务，到底是提供什么服务呢？

STORIES 的服务分为两部分：基础服务和核心服务。基础服务包括公司注册、法律、财务、人员招聘等相关服务，核心服务则专注于帮助创业公司做出用户需要的产品和服务，帮助他们实现商业化。

"其实我们要做的就是两件事，做项目咨询和做商业咨询。项目咨询就是帮助创业者把产品做好，商业咨询就是帮助他们把产品推出去融到钱，让他们的现金流不要断,这是我们唯一全职在做的服务。这就是所谓的核心服务。"

"空间服务其实只是一个点,是一个引擎,在这个引擎之下,招来的一些是自己内部的客户,一些是外部的客户,但是不管对方在哪里办公,是不是我们投资的,他们需要的是我们的智力服务。我们自己觉得这是一个好的孵化器应该做的事情,而不只是提供一个空间。仅仅一个空间,是不会对我们的客户产生多大的增值意义的。"

而要做到这些服务,需要许许多多方面的努力。在内部,从三年前开始,STORIES 就在不断地进行内部行业研究,把所有能够接触到的垂直领域细分为 20 个,并穷极所能,做研究、写研究报告,以求深入了解这些领域。在外部,他们谋求资源对接,将有专业知识的媒体或投资机构对接给有实际需求的创业公司。

关于 STORIES 这个名字,其实也很有意思。"世界不是由原子组成的,而是由故事组成的。"早年还是 IT"码农"的梅晨斐读到了这样一本书,上面写着,亿年之后,也许一切硬件都会消失,但故事将永存。注重硬件之外的东西,也正是他创办孵化器的核心思想。

CHAPTER
TWO

第二章

定位与规划:生来与众不同

一个空间的成败，80% 在于定位与规划

很少有人能注意到,一个空间(无论是孵化器还是联合办公)的成败,80％在于前期规划。这里的前期规划具体包括:空间规划、财务规划、投资规划、品牌规划和运营规划。

缺少规划可能出现的问题

大部分的孵化器从业人员,在前期都只花很少的时间,甚至不花任何时间做详细的规划。如果不做这些规划,会出现什么问题呢? 大部分孵化器在开业以后会遇到的问题有:

- 举办了一个盛大的开业典礼,结束之后发现招商困难。
- 为了解决招商困难的问题,开始病急乱投医,疯狂地举办线下活动,和各种中介合作,甚至开始大幅度降低房租。
- 由于长时间未能达到满意的出租率,并且没有做好充足的财务规划,公司开始出现资金链断裂的问题,最终公司倒闭。
- 即使在经历爬坡期,达到一定出租率之后,每月的收支仍然不能平衡,造成"有收入没利润"的尴尬局面。
- 最后在达到了一定满租率,并且实现了收支平衡后,发现空间里并没有所谓"潜在独角兽"这样的优质创业项目。

简单来说,如果缺乏前期的规划,在实际的运营过程中你会遇到的问题有:招商、资金、项目。

孵化器同样需要经历的创业曲线

以市场化的方式运营一个新品牌孵化器,就好像运营一家创业公司。所有初创企业需要经历的过程,新品牌的孵化器都会经历。

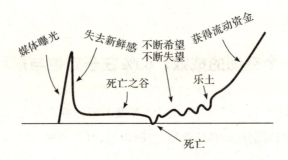

图 2.1　创业曲线

图 2.1 中这条曲线,是著名的孵化器 YC 的孵化项目 Airbnb(爱彼迎,美国短租平台)在一次采访中提到的"创业曲线"。简单来说,一个初创企业在前期会经历的整个过程包括:(1)被媒体热炒概念,一时间成为焦点;(2)媒体失去新鲜感,热度不断下降,直到没什么人再去关注;(3)经历非常长的一段低谷期,可能持续 3 年、5 年甚至更长时间;(4)在低谷期中,不断地尝试推出新产品和新功能,获取市场认可,这个过程会很纠结,不断获得希望又不断失望,可能会有核心团队成员提出离职,让团队痛苦万分;(5)如果熬过了低谷期,走了"狗屎运",新产品终于被市场接受,就会迎来第一次真正意义上的成功。

目前,国内大部分孵化器都处在被媒体热炒概念之后逐渐失去新鲜感的阶段,甚至更差一点的已经进入了低谷期。

如何才能避免以上情况出现?那就需要在最早期花更多的时间做详细的规划,包括空间规划、财务规划、品牌规划和运营规划。

其中,空间和财务规划是开业前的重点,运营和品牌规划是开业后的重点。

空间规划的艺术

关于空间、内容与人之间的关系

孵化器表面上提供的基础功能是联合办公,属于传统房地产生意。联合办公的物业形态,可以从其他为人们所熟知并且更为成熟的形态,例如咖啡馆或博物馆中,学到一些什么呢?

咖啡馆

在咖啡馆中,咖啡馆本身是空间,人是内容,参考"空间是内容的载体"的公式,可以得出咖啡馆(空间)就是人(内容)的载体。而内容(人)与空间(咖啡馆)之间的表现形态是网络关系。具体来看,咖啡馆没有馆藏(展品)。来喝咖啡的人,可以勉强算作咖啡馆的内容,但首先这些人不属于咖啡馆,其次来的时间段也是随机的。早年巴黎左岸的咖啡馆,聚集了一批具有相同气场的人。而前几年上海的 2666 图书馆①,也经常举办一些小型的电影放映会和新书签售会。在咖啡馆的空间内,提供好喝的咖啡是基础,咖啡馆空间对人的基础意义是工作和休息,深层意义是交流。

---

① 由 5 个文艺青年合伙创办的图书馆,于 2011 年 5 月开业,位于上海静安别墅内。智利作家波拉尼奥的代表作《2666》,是这个图书馆的"镇馆之宝"。该馆于 2013 年 7 月正式停止对外开放。

博物馆

在博物馆中,博物馆本身同样是空间,馆藏是内容,参考"空间是内容的载体"公式,博物馆(空间)承载内容(馆藏)。人、博物馆与馆藏三者之间呈现的是一对多的关系,一个空间承载多件作品,而一件作品同时开放给多个参观者看。但这里有一个前提:馆藏具有时间意义,即在一个长的时间周期内有多次传播的价值,这一点咖啡馆和孵化器都不具备。好的博物馆和孵化器有一点很像,那就是对于内部运营人员(策展人和研究员)的要求很高。我们经常会看到一些博物馆特展,背后需要策展人积累多年的经验,对于内容的重新组织和诠释,以及研究员对于馆内和馆外藏品的持续研究。在博物馆的空间内,除了常规的常设展之外,还会有不定期的特展活动。

孵化器

在孵化器中,联合办公是空间,创业者/创业项目是内容,参考"空间是内容的载体"公式,联合办公(空间)承载创业者(内容)。从内容角度,孵化器和咖啡馆很像——没有馆藏,人在某种意义上勉强算一种内容,人们在孵化器内办公的时间会远高于在咖啡馆内的时间,但是仍然不固定。由于空间对人的基础意义是工作,所以提供安全的场地是孵化器的基础。而空间对人的深层意义是交流,所以提供智力上的交流是孵化器的核心。

从内容角度看,由于我们的客户(创业者)并不属于孵化器,所以孵化器无法成为常设馆。创业者只在一段时间内在孵化器内办公,所以孵化器更像是特展,只能在有限的时间段内,为入驻客户(创业者)提供有价值的服务。

从内部管理上看,孵化器有很多地方需要向博物馆学习。博物馆在内部有全职研究员,在外部有策展人协助加工内容。孵化器内部的运营人员和研究人员同样需要如此,研究人员需要对垂直领域有深度的见解,运营人员需要协调与孵化器外部的交流合作。对于博物馆来说,研究员是对内的,策展人是对外的;同样,对于孵化器来说,研究员是对内的,运营人员是对外的。

空间、内容与人

咖啡馆、博物馆与孵化器,都是空间、内容与人三者关系的重新组织。

图 2.2 咖啡馆办公

对于博物馆来说,场地承载内容,人消费内容,内容与人呈现一对多的关系。对于咖啡馆与孵化器来说,人就是内容,场地对于人的承载就是对于内容的承载,人与人之间是网络的关系。

空间前期规划的六大"坑"

我们在做空间的前期规划时,存在着六个大"坑",分别是:地段、面积、配套、价格、业主和政策。

地段

商业地产的核心是:地段、地段、还是地段。因为地段决定了人流,人流是基础,决定了之后的一切。

地段很重要,大多数人对于这一点也都很清楚。但对于我们的客户——创业公司或中小企业来说,地段真的这么重要吗? 一部分人的观点是,创业公司或中小企业与一般的大型国有企业或外资企业不同,公司规模小,资金实力不够雄厚。所以在创业的早期,不需要选择市中心核心地段的位置,在城市副中心、自己家里甚至车库中办公就可以。

确实,对于创业初期的小公司来说,没有实力也没有必要选择 CBD(Central Business District,中央商务区)作为办公室。CBD 能够给一家公司带来的优势有两点:(1)核心位置带来的品牌背书影响力;(2)交通便捷带来的人才招募优势。早期公司本身也没什么品牌影响力,所以第一点可以忽略。但是第二点却是大部分人容易忽视,但对于创业公司来说非常重要的要素:吸引人才。

从互联网、移动互联网一代开始的创业公司,大部分都是轻资产的项目,产品形态以 Web 和 App 为主。即使是现在,在国内,不同于以色列或者美国,人们对于知识产权的保护意识仍然非常薄弱,或者说即使有保护意识,身边也没有成熟的(法律)配套体系来保护早期小型创业公司的知识产权。这样的结果是,早期轻资产的创业公司,其最重要的核心资产就是人才。怎样能吸引并且成功招募到最优秀的人才,成为早期公司成败的关键。

大部分人还是习惯学习、工作和生活在自己熟悉的区域。举个例子,一线城市的大学毕业生大多数还是希望留在一线城市,并且最好在离自己毕业学校半径3～5千米范围内的企业工作;或者是自己常去的,位于某处交通枢纽附近的企业工作。

所以对于早期创业公司来说,可行的解决方案是,你不需要租赁 CBD 中的商业写字楼,但是仍然需要寻找一个公共交通便捷的办公楼,以此吸引周边优秀的人才加入。记住,即使对于创业公司,也不要因为资金有限而无限降低对于办公地段的要求。选择地段不是为了面子,而是为了人才招募。

反过来,对于孵化器或者联合办公的负责人,在空间地段的选择上也是如此。地段太差,交通不便捷,没有人流,开业后会很难招商。如果处于城市核心区,你可以选择 CBD 半径1～2千米处的年代稍久一点的写字楼;如果处于城市副中心,你可以选择离周围大学城更近的写字楼。

面积

以更低的价格长租更大面积的办公楼,可能是所有孵化器空间负责人的梦想。

但对于面积的掌握,也有两个极端:(1)面积太小(几百平方米),很难耍得开;(2)面积太大(几万平方米),一下子消化不了。

小面积的好处是,招商压力小,装修和租金的成本更低。但弊端是,只有几百平方米的空间,除了前台、办公区和会议室之外,就很难再腾出空间来玩一些更有意思的事情。比如,健身房、活动区、展示区、体验区或者路演区。缺少了这些功能区,小面积的空间就回归传统的写字楼,只拥有纯粹的办公功能,失去了社区、社交的功能。

大面积的好处是,如果空间布局合理,可以玩出很多花样,达到一定出租率之后可以带来不错的财务回报。但弊端是,一次性装修和租金投入很大,招商压力也很大。在完成所有的装修和盛大的开业典礼之后,孵化器直接面对的就是空间招商的压力。大面积的孵化器每个月都需要面对租金压力,不管你有没有找到客户,租金和运营费用都是雷打不动的。最差的结果是,由于前期没有详细的财务准备和规划,开业后招商情况不佳,最后因为资金链断裂而倒闭。

所以我们对于空间面积的选择,可以和地段结合起来考虑。位于市中心地段的空间,面积可以相对小一些;位于城市副中心地段的空间,面积可以相对大一些。

配套

与我们对于住宅的选择不同,大部分人在选择办公区域时,往往都忽略了对于周围配套的观察。这些配套主要有:商业、零售、住宅和学校。一个基本的前提是,如果周围配套已经较为成熟,说明这块区域至少有基本人流的保障,对于招商来说是好事。

商业:如果周围有更多写字楼,并且已经有一些客户入驻的话,那么这些客户中可能有一部分人会出来创业,就很有可能成为空间的潜在客户。

零售:便利店和餐饮店。创业公司的工作时间,一是不规律,二是时间长。所以如果附近有较好的24小时便利店的话,对于创业的人来说绝对是"杀手级"配套,解决了他们的核心痛点。餐饮店最好有高、中、低档不同的选择,如果有媒体或投资人来访,可以选择中高档的店铺;如果工作到凌晨,最好有夜宵烧烤仍在配送。

住宅:方便公司内部人员住宿。如果周边有大片的住宅区,可以给创业公司招募的同事们提供更多的住宿选择。国内很多的 CBD 和园区都有明显的潮汐效应，即上班时间大量人员涌入，像涨潮一样；下班时间大量人员涌出，像退潮一样。而如果周围本身就有住宅可选，可以工作和生活在同一片区域，这样就找到了一份骑车甚至走路就可以上班的工作。

学校：方便招聘。刚才已经提到，每年都有大量应届生毕业。而这些应届毕业生成为早期创业公司人员招聘时的潜在客户。离学校近的话，可以更加方便地接触到这些学生，学生对公司的熟悉程度和认同度也更高，孵化器也就更有可能招募到优秀的学生加入。

价格

这里的价格，指的并不是作为空间业主的拿地成本或者租金成本，而是我们对自己的目标客户，即创业公司或中小企业收取的工位价格。我们先以北京或上海这类一线城市的孵化器空间为例，主要的价格分为四档（见表 2-1）。

表 2-1　一线城市孵化器工位价值表

区域	特点	工位价格
CBD	主要面对外资企业进入国内发展的第一站，有很强的付费能力，对于地段、环境和空间装修要求高。	2000～2500 元/月
核心区	主要面对内资刚成立、新品牌的咨询、律师事务所、设计公司等。有一定的付费能力，对环境和装修也有一定要求。	1500～2000 元/月
副中心	主要面对刚成立的创业公司或中小企业。付费能力一般，对于公共交通要求高。	1000～1500 元/月
外环外	主要面对对于生产或制造有一定要求的传统企业。付费能力一般，对于面积大小有一定要求。	500～1000 元/月

业主

拿地的话，最好从大业主手里直接拿。因为每经过一道人手，就被"扒一层皮"。此外，亟待转手的空间，大多都是由于前业主运营能力差，也暗示着背后多少存在着一些问题。在搞清楚具体的问题并且想清楚解决方案之前，最好先别轻易接手。

另外,业主的身份也很重要。业主首选是房地产公司,因为它们更懂这个行业,知道客户要什么以及为什么要。其次是国有企业,因为它们有指标要完成。最后,房地产公司和国有企业都有一个共性:不差钱,联合办公对它们来说算是小体量的项目。

政策

政策主要有两方面:(1)土地政策:免费拿地或便宜拿地;(2)补贴政策:租金补贴或装修补贴。如果业主拥有国资背景,一般能够拿到更多的土地政策和补贴政策。

以上的 6 点,对地段、面积、政策和业主的判断主要靠选择,价格主要看谈判能力,而政策是锦上添花的事情。这 6 方面,背后多少都藏着一些"坑",所有的从业者在挽起袖子干之前,需要进行更多的深度思考。

孵化器的功能区与空间布局

空间的低配版和高配版

谈到空间内部的区域规划,如果把空间先分为低配版和高配版,一个孵化器或联合办公内部应该有哪些功能区?

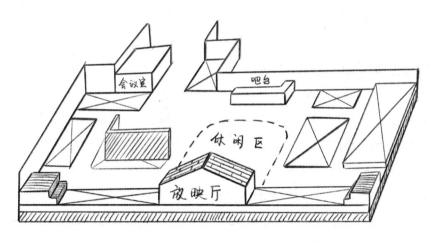

图 2.3　低配版孵化器空间

即使在最低配的空间规划中,公共的前台,前台周围的接待休息区以及开放和独立的办公区都是必需的标配。

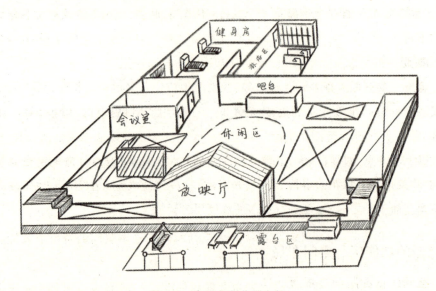

图 2.4　高配版孵化器空间

高配版与低配版相比,差异就在于前者添加了更多的公共区域部分,具体包括:活动区、健身区和露台区。而其中的活动区又可以分为:展示区、体验区和路演区。

有关空间布局的四点思考

思考一:联合办公的动线

我们讲到动线,潜台词大部分指的是商业空间或是大型的购物商场,一般来说,一楼大多是化妆品牌,中间几层是零售品牌,顶楼几层属于餐饮店和电影院。

对于孵化器和联合办公的空间,也有动线的需求和考虑。只要有人的地方,就有流动性,人的流动就是动线,而动线会影响客户对空间的最终体验。例如,离公共区域近的空间,由于人们经常出入,并且会有不定期的活动,难免会很吵,所以相对难出租。动线如果不通畅,位于尽头的空间也会很难出租。而大多数人都喜欢选择位于开放空间中相对隐秘的位置。

思考二:开放与独立的关系

对于空间来说,开放区能创建更好的社区氛围,独立区能带来更稳定的现金收入。新创公司、小团队更喜欢开放式办公,传统企业、大公司更喜欢独立区域。独立办公相对于开放办公,是一种出于私密性的选择。对于整个空间来说,在空间整体规模允许的情况下,开放配合独立可能是更好的选择。

思考三:公共休息区与活动区

公共休息区主要用来做接待,在会议室不够用的时候也可以用于开会。对空间来说,公共休息区很适合给内部的客户作为团队人员的交流场所。活动区,顾名思义主要用来承接内部和外部的活动,做新客户的认识和拉新。很多新客户都是通过不同的线下活动,逐步了解和认识新孵化器空间,最后转化为内部客户的。

思考四:不同功能区域的占比

其实当你进入一个空间,很快就能大概判断出来这个空间的特性以及能否赚钱。秘诀在于看不同属性空间的占比。

在所有属性中,只有办公区是能持续带来稳定收入的(活动区可能会不定期带来少量收入)。所以根据开放办公区加上独立办公区在整个空间面积中的占比,就可以大概预判出整个空间的收入情况。因此,孵化器空间的设计技巧是,先保证基本的办公区域的占比,做好面积规划;然后再看其他的功能性区域(休息区、路演区、健身房等)在空间中的位置,即设计好动线。

对于开放与独立空间的分配和占比以及对于动线的设计,是真正的难点,也是一门艺术。

在考虑整个空间规划的过程中,有一个词一定要记在心里:性价比。性价比是关键,其中一个很关键的衡量指标是:5 平方米/人。

整体环境

评估整体环境的要素有:空间的地理位置,周边的平均租金,我们作为业主拿地的成本以及考虑所有成本因素之后的未来定价体系。为什么要先考虑定价体系?因为这与之后会涉及的空间内部的工位数量有关。

一个空间要做到整体自负盈亏或者有稳定的利润,有基本的收入要求。在短期内,孵化器空间大部分的收入还是来自工位和房间的租赁。也就是说,在招商能够跟上的前提下,工位和房间的多少,直接决定了空间在未来能否盈亏平衡。在前期没有做详细规划的空间,即使在高出租率的情况下,仍然可能会入不敷出。

开放工位与独立单间的关系

在规划完基本需要的开放工位和独立单间之后,接下来就是空间内部的规划设计。简单来说,就是这些不同属性的工作区域,再加上必不可少的公共区域,在整个空间内到底该如何布局。

需要注意的是,与传统的办公租赁不同,针对早期团队的联合办公,平均每人的办公面积大概在4~6平方米之间,比一般的10平方米要小很多。这一方面是来自个人办公空间面积的直接减少,另外一方面来自公共区域公摊面积的减少。

简单来说,先考虑整体环境和价格体系,再根据5平方米/人的上限,计算出需要在空间内规划出的可租面积,再配合公共区域部分,最后再规划这些不同功能的区域在整个空间内的布局。

灵活的财务规划

开业前规划：一次性支出

开业前的财务规划，主要是一次性支出，主要用于缴纳保证金、硬装修、软装潢等。

拿地

拿地涉及的成本主要是保证金，保证金一般为 1～3 个月的场地租金。如果空间面积不小的话，保证金是一笔不小的成本。而且拿地的保证金是一笔硬成本，在和业主的沟通谈判过程中，保证金没有什么弹性。

硬装修

和拿地的保证金以及租金不同，装修预算是有弹性的。一般的办公空间装修，每平方米的成本从 500 元、1500 元到 3000 元不等（见表 2-2）。

表 2-2　不同装修标准的办公空间定位

价位	功能定位
500 元/平方米	能够完成最简单的空间硬装和分隔,达到基本可用的状态。
1500 元/平方米	整体空间有一个明显的风格,除基本功能区都能发挥作用外,整体感觉温馨、舒服。
3000 元/平方米	空间有整体统一的风格,功能区设计完整,材料内饰质地优良。

软装潢

软装的采购,主要用于公共区域部分,例如前台、接待区、休息区、展示区、路演活动区等。

- 前台接待区:需要提供前台办公套件、接待区休息桌椅等。
- 休息展示区:由于是休息区,需要提供冰箱、微波炉、咖啡机、饮水机等公共设备。
- 路演活动区:需要提供投影仪、显示器、音箱、麦克风等。

以上都是开业前一次性的投入,其中空间保证金是硬成本,而硬装和软装费用可以根据对空间的定位以及自身的财务状况灵活支出。

开业之后的支出

开业后的支出主要分为两部分:日常的运营、项目的投资。

大部分的新品牌,会把开业前的一次性装修和硬件投入的财务规划做得非常精细,却往往忽略了开业后日常运营和投资规划的重要性,这也造成了一些孵化器在开业后资金链断裂。即便是成功吸引了优秀的项目入驻空间,一旦资金链出现问题,在提供后续的孵化服务时也会缺少财务方面的支持。

日常运营支出

一个孵化器或联合办公场地开业后的运营和其他的同类业态(如咖啡馆、餐厅、健身房等)是一致的。

　　首先你需要面对每月固定的房租和物业支出;其次是日常运营中产生的水、电、绿化、保洁、保安等费用;最后是运营人员的工资支出。这三部分费用,构成了一个孵化器空间开业之后的日常运营支出。

项目投资基金

　　项目投资基金是独立于孵化器日常运营的一块业务。目前大部分的孵化器品牌,都会配有一支对应的早期投资基金来负责项目投资,而这支基金的管理公司和孵化器的运营公司在公司实体上是互相独立的。所以在资金层面上,基金的募集和投资与孵化器运营也是完全独立的。

　　唯一有重合的部分是人员,部分项目的孵化器管理和孵化基金投资在人员上可以复用。因为对于孵化器里的项目,孵化器的管理人员最为熟悉,也最清楚应该给予什么帮助。

投资规划决定命运

越来越多的孵化器品牌在提供空间板块的功能之外,还有补齐投资板块的功能。投资功能的本质,是为了延长用户长期价值(Long Time Value,LTV)。初期,用户的价值体现在空间租金上;中期,用户的价值体现在咨询服务上;后期,用户的价值体现在公司股权上。部分孵化器品牌在获取企业客户上花了很大的成本,但只从前期的空间租金上获取了回报,并没有继续挖掘用户在中后期的持续价值。孵化器做投资规划的目的,就是为了持续为用户提供服务,持续挖掘用户的长期价值。

投资规划是为了孵化器在中后期开展新的投资业务,它是孵化器在前期所做的准备和计划。而这块投资业务的产品形态就是投资基金。一级市场的投资基金,在不同阶段和不同规模时有不同的产品。早期有天使基金,中期有风投基金,后期有私募基金。早期的基金产品,针对的项目规模较小,单笔投资的金额较小,项目需要继续发展的周期较长,整个基金的封闭期也随之较长。反之,后期的私募基金,针对的项目规模较大,单笔投资的金额较大,项目从投资到退出的周期较短,随之整个基金的封闭期也较短。

而孵化器的潜在客户都是最早期的创业项目,团队和产品处于最早期和不成熟的阶段。早期项目从生根、发芽到长成,需要经历一个漫长的时间,中间可能会出现各种意想不到的变化。所以,投资孵化阶段项目的基金,也需要能够陪伴早期项目一同成长的能力。简单来说，就是要有耐心。孵化基金要比天使基金、风投基金和私募基金更加有耐心，因为整个基金的封闭期更长。

在所有的基金类产品中，有一类产品是专门针对这种回报周期较长的项目，特别是在医疗等领域。从项目的研发开始，到测试乃至量产和销售，平均的等待和回报周期要远高于其他领域的项目。我们称这类基金产品为常青基金（Evergreen fund）或者永续基金。

捐赠（永续）基金的运作模式分析

马克·扎克伯格（Mark Zuckerberg）捐出 99％的公司股份

脸书（Facebook）创始人马克·扎克伯格在自己的第一个孩子出生的日子，以一封信的形式宣布，有生之年将自己与妻子共同持有的 Facebook 99％的股份（约450 亿美元）捐出，一时引起诸多质疑，觉得这又是在利用慈善基金会的形式避税。最终扎克伯格采用了有限责任公司（LLC）而非传统基金会的形式捐出巨款。很多人不明白这是什么意思。扎克伯格成立的这家公司涉足了包括个人教学、疾病医疗、链接世界、打造健全的社区等各类项目，与许多慈善基金会的传统项目类似。有些富人通过慈善基金会的确达到了避税的效果，然而这种形式并不完全适合扎克伯格，他捐出的资产主要是股票，如果采用 LLC 的形式完全可以在有需要时再捐出，甚至可以直接转让股票，那样可以获得更强的控制权。扎克伯格本人的捐款额是按一种双方交易的公平市价（fair market value）来算，而非股票变现时的实际收益。收到捐款的慈善组织以后卖出股票变现时，也不用为额外的收益交税（如果股票增值的话）。作为年轻有为的互联网企业巨头，扎克伯格此次的尝试更像是又一次创业，通过改变给世界带来正能量。

捐赠基金的运作模式

一般的封闭基金

所谓开放式基金的封闭期是指基金成功募集足够资金，宣告基金合同生效后，会有一段不接受投资人赎回基金份额申请的时间段。设定封闭期一方面是为了方便基金的后台为日后申购、赎回做好充分的准备;另一方面基金管理人可将募集来的资金根据证券市场状况完成初步的投资安排。根据《证券投资基金运作管理办法》规定,开放式基金的封闭期不得超过 3 个月。现在存在比较多的创新型基金,本质上还是开放式基金,但在发售的时候会说明先封闭几年,然后转化成某种开放式基金。

一般的捐赠基金

现在市场上大多是"3+2"和"5+2"年限封闭期的基金,这会面临一种情况:很难对一些长期才会获得较大收益的项目进行投资。因为一旦封闭期结束,就可能会因为有限合伙人的退出而出现问题。为了方便对这样的长期项目进行投资,人们推出了永续基金,理论上它的封闭期是 10 年至无限长。永续基金一般是指捐赠基金,某种程度上这是一种慈善行为。其具体形式是将钱捐给一个慈善机构,希望将这笔钱作为一个永久的资源去做一些长久的事情。此类基金是永远只使用利润部分但不动用初始资本的。操控永续基金的团体需要合理安排现有资产以使它保持长期价值,同时产生可以供短期使用的现金。永续基金是为了一个长期的利润目标而奋斗的,现实中在慈善领域比较常见,商业运用不多。

捐赠基金一:常春藤基金

常春藤基金是由常春藤联盟于 1990 年设立的一支基金,初衷是为了给学生提供助学贷款,将低利率贷款给个人,等学生毕业工作后再还款,还来的钱再借给下一批贷款人,如此循环。

捐赠基金二:比尔及梅林达·盖茨基金会

比尔及梅林达·盖茨基金会(俗称盖茨基金会)成立于 2000 年 1 月,其创立者为微软公司创始人比尔·盖茨及其妻子梅琳达·盖茨。该基金会属非营利性质,旨在促进全球卫生和教育领域的平等。2001 年以来,盖茨基金会每年都将总资产的 88%~94%用于投资,捐出数额的占比则为 3%~8.5%。2005 年以来,其投资收益已超过当年收到的捐款额。2007 年,其以 381 亿美元的投资获得了高达 49 亿美元的投资报酬,高于当年收到的捐赠额,包括来自比尔·盖茨和沃伦·巴菲特的31 亿美元(2006 年 6 月,沃伦·巴菲特宣布把 1000 万股伯克希尔·哈撒韦公司 B

股赠予盖茨基金会，此后，他开始兑现每年捐赠股票总额5％的承诺，截至2008年7月，已分三次共捐出142.5万股，价值超过50亿美元）。盖茨基金会现有资金已经超过400亿美元，而每年必须捐赠该基金全部财产的5％。盖茨基金会只接受个人捐赠，不接受来自组织的捐赠，包括公司捐助、企业的捐赠激励计划、非营利组织、基金会、慈善集资团体或政府实体。

捐赠基金三：卡内基国际和平基金会

该基金会现名卡内基国际和平研究院，创设于1910年，在卡内基75岁生日时以1000万美元的初始资金成立，为卡内基家族第二大基金会（仅次于卡内基基金会）。其研究的主要范围包括：非洲政策、亚洲政策、世界安全、全球经济、环境能源、核武器不扩散、俄罗斯及欧亚事务等，目前在世界各地有上百位研究专家。卡内基认为战争是可以通过人们的努力去避免的。因为数额巨大，其本金一般情况下是不动用的（实际上也从未被动用过），消耗的都是收益部分。

总结

捐赠基金，有一个"无限游戏"的基本逻辑，它们主要关注非物质领域的文化需求，包括教育、研究、艺术、文化、公共政策等。资金的来源主要靠捐赠，比如其他基金会的捐赠、个人捐赠和企业捐赠。这类捐赠都是源于个人化的公益原动力，也源于美国人希望自发地解决内部问题（需求）的愿望。其主要是以基金会的形态出现，工作内容包括：战略研究、政策交流、知识倡议、研究计划等。未来，这类基金会的形态，会逐渐由公益走向科学化、体制化、专业化，更多地利用商业的力量来进行改变和创新。只有出资方多元且独立，才能够保证管理团队的活力和独立性。同时，基金会也需要提高内部治理能力。

品牌，不只是新 logo

孵化器品牌的同质化问题

国内的孵化器和联合办公品牌，有着严重的同质化问题。当然，同质化不止在孵化器领域存在，在国内各个领域，特别是创业公司里普遍存在。

国内做孵化器的，在品牌取名时都喜欢以创新的英文单词 Innovation 的 Inno 开头。所有做联合办公的，受到 WeWork（美国共享办公公司）影响，品牌都喜欢以 work 结尾。

提到孵化器品牌的自我介绍，也同样存在同质化问题。大部分的孵化器遵循以下介绍模板：空间＋服务＋客户。

　　×××品牌在全国拥有×个空间，管理×××面积以及×××个工位。×××品牌为创业公司提供拎包即入驻的一站式、全要素立体服务，包括：空间、投资、媒体、服务等。×××品牌已经入驻，×××品牌服务的企业超过×××家，共计×××人。

品牌是新做法而不是新 logo

我们对于品牌的理解，还停留在非常浅显的层面，即新品牌就是新 logo。

其实空间的品牌是一个非常整体性的东西，从 logo、硬件装修、家具选择、接待人员以及提供的服务，到最后，也是最重要的，是已有的客户。很少有人能意识到，一个空间已经入驻的客户，是这个空间最好的品牌推广资源。很多时候，谁会选择你（空间），决定了你是谁（品牌）。

另外一个少有人想到的是，创始人的基因决定了空间的基因。新品牌其实是新的做法，而不只是新的 logo。

新品牌空间的新媒体策略

至于怎么进行品牌运作，又是一个很大的课题。比如，是启用新品牌还是沿用老品牌？如果你已经有一个强大的品牌，可以为你背书，那在初期还是建议沿用老品牌。因为从头开始建立一个有影响力的新品牌，是需要投入很多时间的。

由于决定品牌的很多因素是我们不能左右和改变的，比如创始人个人的基因和想法、空间已有的客户等。我们能够给出建议的，是新品牌空间在新媒体上的操作策略。至于具体如何规划，会在后面孵化器的新媒体策略中详细介绍。

自营还是合营，这是一个问题

在空间开业后的运营过程中，有三种不同的合作方式：独立运营，合作运营，代为运营。独立运营，顾名思义，即由一家品牌投入前期成本，而后期的运营也由自己主导。合作运营，即由至少两家品牌合作，在前期的装修和后期的运营上合作分工。代为运营，是由两家品牌合作，但与合作运营的区别在于，实际的空间运营方在品牌上不会有所体现。

资源盘点是前提

在前期规划中，运营规划非常重要。运营规划包含了一个很重要的问题：自营还是合营？

自营意味着所有的招商、物业、服务、推广、投资和服务都得自己做。当然，自营的好处是自由度更高，一旦品牌获得认可，所获得的成就感也更强。

作为空间和品牌的负责人，你可以先盘点下自己手里的资源：空间储备、投资基金、服务能力、人才储备。在自己的品牌存在短板的前提下，仍然坚持自营并不是非常明智的选择，在这种情况下就可以考虑合营。合营意味着你把强项抓在自己手里，但把一部分弱项通过合作的方式外包出去。具体的合作方式包括：联合品牌、收入分成等。

简单来说，先盘点下你自己手里的资源，决定哪些是核心资源，哪些是需要补充的，然后找到匹配的合作方来联合运营。

人才储备是核心

孵化器或联合办公行业在国内出现的时间并不长，真正拥有系统的理念，并且有完整人才储备的孵化器品牌凤毛麟角。刚才提到的空间、投资和服务等几点，都是近几年才出现的概念，所以人才储备也基本没有跟上。

你可以先审视一下自己公司（集团）的背景，因为公司的背景基本决定了团队成员的背景。要弄清，公司是做房地产的，做企业咨询的，做投资基金的还是做中介服务的？

虽然部分人员可以通过开业后的招聘或猎头补充进来，但创始人及创始团队的基因，决定了整个新品牌空间的基因和未来的走向。如果在合营时决定了抓在自己手里关键的服务方向，那就需要开始在相应领域内做人才的储备。

因为最终，你手里现有的资源（空间、基金、服务）以及你团队成员的背景，决定了空间的特点和发力的方向。

没什么别的，只是生来不同

《游戏人生与创业人生》一书的作者孙志超[①]在知乎的自选集里面提到一句话，我深以为然："小团队的最大武器就在于'不同'"。

正常的大多数

我们自己是做孵化器的，大部分孵化器的设计结构为：

- 底层：为创业团队提供开放办公场地。
- 上层：选择性地提供项目投资的服务。此外，可能还会配套孵化和导师对接等服务。

抽象来看，"场地＋投资"是大部分孵化器最核心的基因，或者说，场地是"大脑"，投资是"小脑"。

我们更像是异类

从某种意义上看，STORIES 更像是一个异类。我们并不是故意与众不同。我们有过很多的经验和思考，再反过头来看整件事情，自然产生了不同于竞争对手的解决方案。场地和投资仍然是我们会持续提供的重要服务，但并不是我们最核心

---

① 创新工场前投资经理，现为 MIUI 生态负责人。

的基因。我们的"大脑"是项目咨询交流,我们的"小脑"是互联网技术。所以在骨子里,"咨询＋技术"才是我们最核心的基因。

图 2.5 生来不同 特立独行

我们熟悉的银行业,从早期野蛮生长的票号,到中期标准化、规模化的银行,到如今 Paypal、Stripe、Square 等互联网公司的兴起,给了我们很多的启发和很好的案例。孵化器整个业态的发展,从早期政府主导只提供场地的创业苗圃,到中期标准化的"场地＋投资"服务,现在已经步入下一变革阶段的入口了。也许"咨询＋技术"是解开入口大门口令的咒语,我们已经预感到了变化,我们必须去尝试。

产品咨询才是孵化服务的本质

别人通过你的文字和分享就能快速抄袭的服务,一定不是孵化器的核心。什么是核心竞争力?那些即使你告诉别人事实以及事实的全部,别人仍然无法超越的,才是你的核心竞争力。什么是别的孵化器无法快速复制的核心竞争力?那就是项目咨询交流的能力。

俗话说,能用钱解决的问题,根本就不是问题。无论是场地、基金、注册、法律或财务,这类服务几乎都是可以通过自己、外部合作伙伴或第三方服务公司来解决的,并且已有经过完全市场化竞争之后的价格,可以通过竞标快速购买。

项目咨询交流,需要提供服务的孵化器运营人员熟悉垂直行业的整体情况,了解产业链上各个环节的公司,并且能够形成自己的独立思考。当然,最好在行业内还有一定的人脉。整个过程,没有多年的扎实积累,是无法快速形成的。当然,你可以反过来质疑,这样的模式核心是对于人的培养,无法快速扩张。但是我们的思

49

路是:先做有价值的事情,提供有价值的服务,即使在早期无法快速扩张。

STORIES针对孵化器的咨询服务:服务是收费的。[①] 孵化器咨询服务,主要针对想要做孵化器的客户,或者已经开始运营孵化器但是遇到问题或瓶颈的客户。我们能够帮助孵化器客户制定孵化器运营战略、提供孵化器内部人员培训、陪同项目判断和筛选、协同进行项目投后服务、联合品牌推广和案源导入。

STORIES针对创业项目的咨询交流:服务是免费的。但是我们自觉没有能力服务所有领域,只能针对我们熟悉的特定领域进行项目咨询。另外,因为免费,所以我们投入的时间是有限的,对于所有报名的项目,会有所筛选:(1)选择自己有能力服务的;(2)选择自己感兴趣的领域;(3)选择能够和自己一起快速成长的有潜力的项目。

互联网技术是贯穿整个孵化链条的润滑剂

孵化器本身有一条很长的产业链:从上游的媒体推广,再到中游的项目收集、交流和筛选,再到下游的项目投后服务。在整个产业链的每个环节以及环节之间的衔接处,现阶段的很多解决方案都存在很多问题。这里的问题指的是:(1)没有合手的工具;(2)传统解决方案效率低下;(3)很少有人意识到这一块问题亟待解决,这一点最为关键。

我们既然声称自己服务于互联网、移动互联网创业公司,自然应该有意识地运用互联网技术来改造自己工作中不那么互联网化的环节。孵化器发展到了一个被颠覆的时间点,我们需要用所谓的互联网思维,改善整个孵化器服务体系中陈旧与不合理的节点,提高服务效率。

最后,STORIES作为一个新晋品牌,没什么别的,只是生来不同。

I'm not weird. I'm limited edition.

---

① 具体收费标准可以参考章节衍生阅读的文章《出租时间:煤老板》。

章节延伸阅读一

专访 People Squared 空间设计师小小周

　　2016 年在上海，我们专门采访了为 STORIES 张江空间做空间设计的小小周，她在联合办公空间的设计和装修方面有着丰富的经验，曾经设计过一些知名的项目。如果你想了解 STORIES 张江空间为何长成现在的样子，可以看看下面这篇采访实录。小小周为我们诠释了她的设计理念并分享了一些经验。以下的对话，我们用 S 代表 STORIES，用 X 代表小小周。

　　S：小小周，先介绍下你自己吧。

　　X：我是小小周，在日本读过室内设计专业，在日本设计公司工作过，所以我的设计风格还是比较偏日系，这次张江微电子港由我负责设计。

　　S：日本的设计和国内的区别在哪里？ 也顺便说说你对欧美的一些设计风格（例如包豪斯）的看法。

　　X：日本的室内设计现在几乎已经处于一种"饱和"的状态，施工工艺、材料种类各方面都很成熟，可以说已经精细到每一步都可以做到有据可循，比较抠细节。举个例子，你做出来的设计，这一块为什么要这么做，为什么这样做好，不是说一句你喜欢就能够笼统地糊弄过去，得说出理由。国内目前还是处于一种学习发展的阶段，并且绝大部分是以业主方的喜好和个性为主，他们的话语权最大。这与日本的情况还是不太一样，日本的业主会委托你，相信你的专业水准。欧美的设计主要还是体现在装饰性上，日系风格大多简约实用，更重视空间体验感。

S:说说看你对国内业主的看法,哈哈,想吐槽我们也可以。

X:哈哈,是这样的,我们做设计,除了要满足业主的需求,往往还要满足业主客户的需求。就好比设计一个商场,业主让你这么做,未来顾客这边也要兼顾,毕竟以后他们才是真正的使用者。而国内的状态是业主最强势,所以很多原来的设计本意往往得不到表达,业主与设计的沟通和配合真的非常难。如果是在一般的设计公司的话,可能还要考虑老板的喜好,这就要说到我为什么会来到P2工作,因为在这里我的设计理念会得到更好的发挥,有更多的自由发挥空间(我这不是在拍东家马屁,真的)。

S:从工作流程或者设计上看,现在的办公空间和以前的"格子间"最大的区别是什么?

X:在整个设计理念、功能上,无论是办公空间也好、格子间也罢,其实每个项目都不同。大家也知道现在外面Working Space(工作空间)的项目很多,但不是都会用同一种形态去做。国外的WeWork火了,我们就去复制一部分表面的东西,其实是不合理的。针对不同的项目、不一样的主题,设计师其实都应该有自己独到的理解,并且要考虑做的每一件事情是不是适合这个空间,并且符合整体风格。

S:聊聊张江微电子港空间吧,这次的设计理念和初衷是什么?

X:我们这次的设计初衷是一种大社区的理念。之前在GCUC(Global Co-working Unconference Conference)全球联合办公峰会上,P2也和其他的一些知名空间的负责人一起聊过这个话题,大家都认为联合办公社区化成了一种趋势。然后,在STORIES张江空间中,我尝试从设计装修开始到客户入驻以及后面的运营服务,完全将这个理念融入其中。

S:前面你说了张江空间包含了一种社区的理念在里面,我们经常在强调说空间和人的关系,在这里面有怎样的体现呢?

X:在张江空间里最与众不同的应该是"房中房"的设计了,大家去参观的时候会注意到这一点,我们希望给所有创业者,或者说我们的客户,一种家的氛围,真正将生活融入办公空间,让他们感觉这不仅仅是一个办公的位置而已。去除枷锁,将过道做成类似街道的感觉,会有很多象征性的东西,就像我们看到一个咬过的苹果就会想到苹果公司。

S:如果让你给张江空间以你的设计还原度来打分的话,你会给几分?

X:85 分吧。

S:好保守的打分……

X:哈哈,其实已经非常幸运了,各方都给了我足够的自由度去做这个项目,除了物业最后还是没有同意让我把整块的大玻璃运进去,其他的基本都超级满意了。

S:在这次张江空间从设计到施工的过程中,令你印象最深刻的经历是什么?

X:这次的业主方和施工方特别配合,特别配合,特别配合,重要的事情说三遍。

章节延伸阅读二

出租时间：煤老板

你可能第一次听说出租时间这种说法，这最早是由创业公司"简书"提出的，操作层面上和市场上的"知乎 Live"或"在行"等平台很接近。"简书"上的作者，通过出租自己小块的时间，在线下交流自己某一项擅长的技能，认识其他有趣的人。

以下是我自己的出租时间帖。

响应简书和简叔的号召，准备出租自己啦。第一次"卖"自己，希望生意兴隆……

介绍自己？

STORIES 联合创始人。本科就读于上海，硕士就读于法国。1984 年生，男，水瓶座，血型及其他不明。

喜欢折腾乱七八糟的事情。去了十多个国家，60 多个城市，遇见各种狗血的事情和人。至今没写过一篇游记，全都在脑子里。玩过无动力滑翔机（没有发动机的飞机）。

曾经前后有 7 年时间研究手机（3G/4G）无线通信技术。喜欢折腾乱七八糟、好玩、极客（Geek）的东西。

为何出租？

主要原因：觉得好玩。好奇：

• 什么样的人会基于什么原因租我？

- 如果真有陌生人租我，会是什么使用场景？
- 如果客户不满意，我又不给退款，会发生什么情况（打什么电话维权呢）？

租我干吗？

我就是出来"卖"的。

简叔教导我要体现出优势，想想挺有道理。很多人找我聊主要都是基于以下热门问题：孵化器到底在做些什么？聊聊孵化器到底能为早期互联网创业公司带来什么？

你也许听说过

InnoSpace（创业集训营）位于上海杨浦区创智天地园区内，算是上海比较早的针对互联网创业人群的孵化器。

从初期的市场定位、战略规划，到场地开业以后的招商和运营，直至逐渐有一些创业团队入驻以后的孵化服务工作，到最后募集人民币基金并且开始进行孵化阶段的项目投资，它全程经历了一个孵化器每个发展阶段的全部工作。

你应该听说过这些创业公司

没错，就是简书！如果我没有记错的话，简书应该是 InnoSpace 排名前五的第一批入驻客户，是同时拥有软硬件能力的创业公司，其主要产品如下：

- 基本概念 BiCi（Basic Conception）：属于这个时代的智能自行车。
- 行者：最好用的骑行软件。

第一批智能自行车预定客户已经开始逐渐收到货，行者在 App Store 也提供下载。

店盒子是新一代的开店软件。零售行业这几年正在发生剧烈的变化，新一代的独立品牌电商逐渐兴起。店盒子正在服务于小生意（small business）领域的客户，是我个人非常看好的项目。

未来你一定会知道

孵化器说到底就是地产、投资和咨询的结合体,它提供场地、投资和投后服务。把孵化器当作创业公司做了三年多,我曾经做孵化器做到想吐,现在重新开始,以不一样且更好玩的方式运营全新的独立品牌孵化器:STORIES。

目标客户

孵化器运营人员、早期互联网/移动互联网创业者。

对于孵化器运营人员,可以了解如何为孵化器做规划准备,如何运营硬件场地,如何招募早期项目,如何提供孵化服务,如何进行投资判断,如何操作投后服务。只要是和孵化器有关,只要你问,我一定能回答!

对于早期互联网/移动互联网创业者,我可以帮助你理解孵化器对于创业团队的价值,为你推荐适合你的本地孵化器。

可约时段

工作日或周末不限(需要提前预约)。

CHAPTER THREE

第三章

招商与运营：爬坡期的加速法

TALKING SPREADING

最近几年,我们看到从事孵化器或联合办公空间的品牌,都在逐渐发生一些变化。从政策层面看,政策在 2014 年支持孵化器,2015 年支持联合办公,2016 年支持众创空间,2017 年特色小镇开始发展。从经营层面看,传统的品牌如星巴克、故宫、诚品等都在做一些新的尝试。

很多时候,你以为你看到的是一家零售店,可能其背后暗藏着的是一个办公空间。你以为你看到的是办公空间,其实它还兼具了培训和活动功能。你以为你看到的是一个咖啡馆,其实它是一家咖啡师培训的体验店。

零售消费品牌转型"体验＋消费"

星巴克的臻选咖啡系列(Starbucks Reserve)搜罗世界各地品质出众的咖啡豆,当中只有少量珍贵而风味独特的品种,才会被冠以"星巴克臻选"的品牌,且这些臻选咖啡豆仅在臻选门店供应。

这些门店的布置,包括门把手、专属菜单板等都经过了重新设计。店里面是清一色穿"黑围裙"的咖啡大师。除了提供常规门店的服务外,还提供手冲、法压、虹吸等咖啡煮制方式,并且以一对一的方式,为消费者们完整呈现 R 字头咖啡的独特魅力。

星巴克为增强顾客体验,每家店在每周或者每月都会组织若干场"咖啡教室"活动,完全免费,报名即可参加。咖啡教室主要以分享和体验的形式进行,一般有以下内容:介绍咖啡知识;介绍咖啡器具的使用;品尝各种咖啡豆的不同风味;推广自身产品等。在臻选门店的咖啡教室内容可能会更丰富,体现在有更多咖啡煮制器具和珍贵稀有的咖啡豆上。

臻选咖啡烘焙工坊是一家世界级旗舰店，现实版的"梦幻咖啡工厂"，首家店位于总部西雅图，是集咖啡烘焙、生产、教育及零售为一体的咖啡店。生豆直接在这里烘焙，然后豆子通过管道传送到四散的吧台，供咖啡师调制新鲜咖啡。

臻选咖啡烘焙工坊计划于 2017 年年底落户上海，面积达 2700 平方米，是西雅图烘焙工坊的 2 倍。这是星巴克在海外的首家咖啡烘焙工坊，将以突破性的创新形式带来非凡的零售体验。在这里，顾客可以零距离接触和了解星巴克的咖啡烘焙、生产及煮制艺术，与星巴克的咖啡大师们互动，深度品鉴来自世界各地的珍贵稀有、不可多得的星巴克臻选咖啡。

零售店向电商转型

线下空间发力线上电商衍生品做得很成功的，当属故宫博物院。

早在 2010 年 10 月 1 日，故宫为了售卖周边产品，就已上线了名为"故宫淘宝"的淘宝店，并在 2013 年 9 月的时候玩起了新媒体，上线了"故宫淘宝"微信公众账号。早期的微信公众账号主要是在正儿八经地发一些故宫科普知识，卖的周边产品也很正式，也许是难戳痛点，销量不佳。突然有一天，店里的产品"画风"开始变了，更贴近年轻人的喜好，迅速风靡起来。

截至 2015 年 12 月，故宫博物院共计研发文创产品 8683 种，包括服饰、陶器、瓷器、书画等系列，产品涉及首饰、钥匙扣、雨伞、箱包、领带等，其 2015 年营业额超过了 10 亿元。2015 年 8 月，故宫淘宝在网上促销，第一个小时，1500 个手机座宣布售罄，一天内成交 1.6 万单。目前故宫淘宝的微信公众号，那些有趣的广告软文篇篇都有"10 万＋"的阅读量。

从品牌、产品到用户，这个三角关系之间需要有趣的连接，不同时期用户在不断变化，产品喜好和对产品所传递信息的认知也有所不同，产品的娱乐化和用户的年轻化是驱动故宫文创产品销售火爆的核心。

我们从"品牌亲民化、产品娱乐化、用户年轻化、营销多元化"可以看出，一个会

"卖萌"的故宫淘宝已经成为爆款 IP[①]。它已经品牌化，且在活动、文案、话题中被用户深深地记住，并形成一个萌"贱"有趣的品牌形象。

Apple Store

虽然苹果的线下零售店零售额只占其总零售额的 10％左右，但是苹果仍然在不断增强对 Apple Store 的重视。2014 年从英国时尚奢侈品牌博柏利（Burberry）挖来了时任 CEO 安格拉·阿伦茨（Angela Ahrendts），负责苹果零售店和在线商店的扩张。

反观国内，雷军在 2016 年年底宣布，要在 3～4 年内开办 1000 家"小米之家"。目前，这样的"小米之家"正以每个月 5～10 家的速度在全国扩张。当你走进"小米之家"，你会发现，除了展示小米手机以外，大部分区域在展示着空气净化器、净水器、电视、风扇甚至是电饭煲等家电产品。

小型综合体与书店

随着电商的兴起，越来越多的传统零售离开了线下实体商场。面对这个趋势，传统商场思考的是：应通过什么方式，可以把最关键的因素——人流量——再吸引回来？

我们看到的解决方案有三个：(1)新形态的零售；(2)商场中心的活动；(3)多元化的公共区域。

为什么越来越多的新型连锁书店品牌在慢慢回到大型商圈或小型综合体内？其解决的核心问题是商圈和综合体的人流"痛点"。商圈或小型综合体把越来越习惯线上消费的人流，通过书店这一文化概念重新吸引回到线下，再分配到周边其他的零售和餐饮去进行消费活动。

隐藏在背后的金融衍生品

很多时候，你以为你看到的是房地产或者零售生意，但其实藏在背后的是金融

---

① 　IP(intellectual property)，知识产权，即基于智力的创造性活动所产生的权利。——编者注

生意,表面的生意背后总是潜藏着另外一个生意。

而孵化器的收入,大部分还是来自以下 4 个部分:(1)空间收入,这部分是大头,包括房租和活动场地费;(2)政府补贴,这在短期内也很重要;(3)服务收入,这是锦上添花的中期收入,包括面向创业企业的服务,例如 FA 和孵化器咨询服务;(4)投资收入,这是长期预期收入。大部分人看到的是空间收入,即房地产生意,仅有少数人能看到服务收入、投资收入及咨询和投资的生意。

一个新孵化器品牌,在前期如果能有一个充分而完整的规划,就可以顺利完成从早期的空间收入、中期的服务收入到后期的投资收入的过渡。但整个过程还是线性发展的,空间的收入是现实的,投资的收入是很有想象空间的。我们还是要把理想主义的刀收进现实主义的鞘。如果不能在前期把空间租金收入扎实地做好,之后的服务和投资业务都只是空想。

而具体到要如何做好空间租金收入,如何做好招商,顺利度过开业之后的爬坡期,就是下面我们要讲的。在本章,我们首先会讨论不同渠道对于线上空间招商的意义,不同的渠道包括线上媒体、线下活动、社区及中介。其次是不同空间与不同客户之间的匹配关系。最后,我们会以几类不同背景的物业为例,看看它们不同的运营与招商策略。

线上媒体对招商的作用

推广,推广,还是推广

我为什么每周逼自己写一篇专栏?

写专栏的目的很简单,纯粹是为了推广。

大部分新晋的独立孵化器,在品牌上都是从零起步。如何从零开始,在一个孵化器已经多如牛毛的孵化器市场当中脱颖而出,手里一定要有不一样的东西。全原创的内容是首先想到的。我们在孵化器领域有很多的经验,做了很多的事情,所以能够有深度的思考。而这部分深度的思考转化而成的文字,是原创且独有的。这部分是我们在推广开始阶段,与所有其他品牌形成差异化的重要内容。

对内容的理解

上面提到,原创内容是推广最大的差异性和原动力。而内容如果要产生价值,也必须要完成闭循环:

第一步,内容原创。内容是上游,必须要有原创的内容,内容必须是对某一领域深度思考之后产生的,长短不限。

第二步,内容分类。原创的内容是上游,但是接下去不同的内容需要匹配不同的承载方式。对于某一领域的深入研究适合用深度的长文表达;对于近期圈内现

63

象的吐槽,适合用四格漫画的形式表达;对于经验与教训的总结,适合用两句或四句俳句来表达;对于公司近期发生的变化,适合用严肃的文体来公告。总之,承接上游的原创内容,要做的是为不同内容选择最适合的表达方式。

第三步,排版+配图。接下去要做的,是针对不同的内容,选择最适合的排版+配图方式。对于在网页上发布的长文,需要及时的干货,文字可以较长,但是选择字体和字号时要慎重。对于在手机上阅读的内容,要注意文字内容的精简并适当配图。对于要发布成研究报告的内容,要注意系统性和逻辑性。对于要组织成实体书的内容,要看重故事性和趣味性。

第四步,渠道+发布。应针对不同的形式,选择对应的渠道做发布,并收集统计结果和反馈。

杂七杂八说了很多,其实对于内容的理解,简单来说就是:在上游生产原创的内容,在中游匹配不同的表现形式,在下游做渠道和分发。

逼自己思考与总结

另外一点没有想到的是,每周逼迫自己写专栏,反而增加了自己系统性思考和总结知识点的时间。现在每个人都将越来越多的时间花在碎片化阅读上,每个人每时每刻都在不断接受各类终端带来的信息。能够静下来系统性思考一个课题的时间越来越少,而每周的专栏反而给了自己这么一个机会,一定要静下来反思一些事情,沉淀一些内容。

读更多高质量的内容,然后洗澡

洗澡这个技巧可能只适合我个人,如何能够产生灵感,或者说系统性的思考,每个人的方法都有所不同。

要想阅读更多高质量的内容,我的建议是看其他人的独立博客。现在写独立博客的人越来越少了,但是仍然在坚持的人,文章的质量一般都不差。这些人还在坚持阅读、坚持思考、坚持写作。

然后洗澡。当然,洗澡只是一种形式,你也可以跑步、瑜伽、游泳、冥想等。在阅读了大量高质量的内容之后,选择一种你最舒服而放松的形式,让脑中的内容可以平行计算、自由碰撞、交叉思考。大部分的灵感都是在这种状态下产生的,古希腊学者阿基米德就是在泡澡的时候,突然发现了浮力定律。

YC 收集项目的各类线上渠道

为什么有那么多的优质创业项目申请 YC?

对于这个问题,我们可以换个问法:为什么 YC 每年能收到数量众多的来自全球各地的优质创业项目? 根据 YC 2015 年冬季项目的报名数据结果分析,YC 共收到超过 5000 份创业项目的申请,网络筛选出 430 多个项目,然后在 5 天的时间内,每天集中对 17~25 家创业企业进行面试。最近几年,YC 收到的国际项目的申请数量每年也在攀升。数量众多的优质创业项目,其实来自 YC 强大的品牌推广能力以及众多渠道。具体的渠道分为:

- 原创内容主导的线上渠道
- 自有品牌主导的线下活动
- 自己开发运营互联网产品

YC 在线上各渠道传播的内容,大部分都是自己原创的,其内容的表达形式有:文字(博客/书籍)、音频(播客)和公开课(视频)。

博客

最大的线上流量,无疑是 YC 创始人保罗·格雷厄姆的博客。自从萨姆·阿尔特曼掌舵 YC 之后,YC 官方博客也发生了很大的变化,其发布频率更高,内容涉猎也更广,囊括了 YC 所有合伙人的文章、对 YC 投资项目的最新介绍等。YC 在 2015 年年末还启动了一个非常有意思的独立博客——Macro。这是一个实验项目,由主编科琳·泰勒(Colleen Taylor)负责。Macro 主要用来沉淀有深度、思考过的内容,以及 YC 投资项目背后的故事,而不会跟风事件性的内容。

书籍

在所有的风险投资机构和孵化器当中,YC 图书出版的数量应该是最高的。创始合伙人杰西卡·利文斯顿(Jessica Livingston)出版过两本书,前总裁保罗·格雷厄姆出版过三本书,现总裁萨姆·阿尔特曼出版过一本书。此外,YC 还出版了从第三方视角深度剖析 YC 3 个月创业集训营整个过程的书籍(见表 3-1)。

表 3-1　YC 的图书出版情况

作者	书名	简介
杰西卡·利文斯顿	*Founders at Work*	英文版出版于 2007 年,中文版《科技 CEO 的创新×创业学》出版于 2011 年。本书采访了 33 位美国早期创业者。
	Female Founder Stories	针对 YC 所有投资项目的女性创业者的访谈合集。
萨姆·阿尔特曼	*How to Start a Startup*	整理并收集了 YC 于 2014 年秋天在斯坦福开设的 20 节创业公开课(CS183B)的全部内容。课程内容包括:为何要创业、产品、增长、融资、文化、硬件等。授课讲师有:PayPal 创始人彼得·蒂尔、YC 创始人格雷厄姆、YC 总裁萨姆·阿尔特曼、A16Z 创始人 Marc Andreessen、硅谷著名天使投资人罗恩·康韦(Ron Conway)、A16Z 创始人 Ben Horowitz、LinkedIn 创始人雷德·霍夫曼(Reid Hoffman)。国内由网易公开课做了课程的翻译。
保罗·格雷厄姆	*On Lisp*	出版于 1993 年,是一本关于 Lisp Macro 的书。
	Hackers and Painters	英文版出版于 2004 年,中文版《黑客与漫画家》出版于 2011 年。"这是一本能引发技术人思考的佳作,真正意义上的黑客精神、创业(Start-up)、编程语言,是这本技术散文集的三个主题。"(摘自冯大辉的评论)
	ANSI Common Lisp	出版于 1995 年,Lisp 语言入门教学书。
兰德尔·斯特罗斯	*The Launch Pad*	详细描述了 2011 年 YC 的冬季和夏季两期加速计划的完整过程以及其中的项目。国内已由浙江人民出版社出版,书名为《YC 创业营》。

播客

YC 的自有品牌播客节目 *Startup School Radio*,在著名的沃顿商学院旧金山分校(Wharton Campus San francisco)的商学院电台录制。主播亚伦·哈里斯(Aaron Harris)是 YC 的合伙人之一,也是 Tutorspree(2011 年 YC 孵化项目)联合创始人。节目的嘉宾是 YC 投资项目的创始人或 YC 的合伙人。内容涉及创业项目背后真实的故事,以及与创业、产品、增长或融资相关的建议。

品牌活动

Startup School 是 YC 主导的线下品牌类活动。目前已在美国东部的纽约、西部的硅谷以及欧洲等地成功举办。在持续一天的免费活动中，你将能听到来自创始人和投资人的经验分享。部分嘉宾很少参加公开活动，往届的分享嘉宾有：著名天使投资人罗恩·康韦、Facebook 创始人马克·扎克伯格、Instagram 创始人凯文·斯特罗姆（Kevin Systrom）、LinkedIn 创始人雷德·霍夫曼（Reid Hoffman）、Groupon 创始人安德鲁·梅森（Andrew Mason）、Jawbone 创始人侯赛因·拉赫曼（Hosain Rahman）。

自有产品

同 Macro 一样，Hacker News 也是 YC 旗下的实验项目，一个专注于程序员开发者的社区平台（新闻站）。

总结

历届 YC 投资毕业的优秀项目，也会推荐身边优秀有潜质的创业者和创业项目申请加入 YC。这样会形成滚雪球效应，优秀的项目会吸引其他同样优秀的项目。

以上是 YC 所有的项目渠道来源，包括线上的博客网站，实体书出版，播客音频节目，线下品牌活动，自有开发运营的产品以及历届 YC 校友项目的推荐。如此众多高质量的渠道，构成了 YC 所有的项目来源。

不是平台且只做原创

我们每周都会通过各种平台发布一些原创的内容，主要是与孵化器、创业和投资相关。经常有人问我们是不是转行做媒体了。我们的主业肯定不是媒体，一直是一家专心服务于早期互联网创业公司的独立品牌孵化器。

但为什么外界对我们会有这样的印象？原因可能有两点：(1)我们对于行业有深度且不同的理解；(2)我们忍不住想把这些理解通过文字沉淀下来，并且分享给所有人。

在科技领域内，大多数的事情都是有时效性的，即有个"时间窗"的概念。错过了时间窗,作用就会呈指数型下降趋势。在文化艺术领域内,事情的发展则刚好相反。它没有时间窗的概念,而是有随着时间的推移逐渐发酵的概念。乔布斯曾说过一句话,大意是:科技产品总有一天要被拿去填海,但是艺术会被长期保留。

扯了这么多,其实我想说的是:从事孵化器行业,服务于早期互联网创业项目,我们做的很多事情和提供的服务,可能都是有时效性的。但是做事背后的方法和对行业的理解,是值得被长期保留的。这可能是我们坚持思考、坚持写字、坚持做原创背后的驱动力。

内容来源

内容的来源,首先是我们所涉及的行业,大致针对三个领域:孵化器、创业和投资。所有的选题,都基于我们对这个行业的深度理解和思考。然后聚焦于某一个细分的点,谈谈自己的想法。

整理和总结

整理:有了灵感或想法,即有了选题。基于此再做拓展,扩充内容,交叉印证数据,聚合所有内容。

把所有内容聚合到一起的目的,是为了能够以更加宏观的角度看待问题。我们不是为了整理内容,而是为了试图更加清晰地理解问题和总结规律。

表现形式

内容部分完成之后,我们会选择形式(有些时候形式选择和内容选题是并行的)。现有的形式有:深度报道、行业研究、俳句、漫画、公告。

深度报道和行业研究都是长文;深度报道是基于我们对行业的理解;行业研究是基于我们对垂直产业的理解;俳句是为了通过一两句话抒发感悟;漫画则纯粹是为了表达一些讽刺性的观点;公告则是通过公开形式把项目的进展告知大家。

基于不同目的的不同内容,应该选择适合它的表现形式。

一次传播

在决定内容和形式之后,接下来是渠道分发的工作,我们会对内容做第一次渠道推送,并且选择多家媒体平台同步推广。

如今早已过了门户网站独大的时代，社会化传播是重点。而在社会化传播中，节点的质量和数量决定了内容传播的广度。

内容更新

有些内容是一次性的，一次性完成，一次性消费。有些内容则不是，行业研究的有效时间窗就比一般的内容更长。

随着时间的推移，一定会有新的创业公司冒出来。在一条大的产业链上，甚至会有一个新的细分领域的分支新建起来。所以行业研究的内容也要同步跟上，既要对素材进行同步更新，也要同步更新我们自己的理解。

二次传播

不要忽视二次传播的重要性。但是二次传播对于内容也是有选择性的。大多数的内容存在时效性，不适合做二次传播。而如上文提到的行业研究则不然，把对同类型公司的研究整理成一个专题重新发布，就是对一家创业公司内容的二次传播。对一家创业公司新产品线的调整或发布，也是另一种形式的二次传播。

一些总结

我们不是媒体平台，一是媒体不是主业，二是没有兴趣，三是没有能力。做自媒体平台，上游需要有深厚的原创能力和首发资源，下游需要有足够深的传播渠道。对于一家创业公司的自媒体来说，如果你对自身行业有深刻的理解，那么上游的原创能力是不缺的。但是关于首发资源和传播渠道，如果你本身并不从事媒体领域，那么应该也不会有那么多的人力和时间投入进去，还是不碰为好。

孵化器自媒体的运作方式

"罗辑思维"创始人罗振宇在 2017 年跨年演讲的时候提到过一个词，叫作"国民总时间"——这是一个稀缺资源。我们都在拼命争夺这个国民总时间，实际上是在争夺受众的注意力。

不管你是打算争夺别人的注意力，还是不想让别人抢走你的注意力，"注意力争夺战"都是我们这个时代最重要的主题之一。为了打好这一战，我们得从孵化器所处阶段、阶段目标、人力配置上来分析怎么打好这一局，再看应该是自营还是托管。

暂且先把孵化器分为开业前、运营爬坡期、运营稳定期，我们在每个阶段需要达到的目标是不同的。

开业前，我们获取客户的漏斗模型是：知道孵化器管理层，知道孵化器，了解孵化器服务，信任孵化器品牌，入驻孵化器成为客户。

运营爬坡期，除了开业前我们的漏斗模型以外，我们获取更多客户的漏斗模型：（通过已入驻团队、孵化器管理层）了解孵化器服务，信任孵化器品牌，入驻孵化器成为客户。

运营稳定期，我们不仅需要获取更多客户，也要让已有客户的用户体验得到不断的刺激，帮助我们传播品牌以及影响到他们的创业圈。已入驻团队如果认为孵化器服务好会介绍给孵化器运营团队，邀请圈内有需求的创业者参观，信任孵化器品牌，入驻孵化器成为客户。

可见，在不同阶段，我们的战术也有所不同。在初期，我们更着重突出孵化器管理层的能力，以便吸引到不错的创业团队。孵化器与这些团队共同成长，在未来也能通过这些团队不断扩大潜在客户群体。这些问题看似和新媒体没关系，但实际上都是新媒体内容与渠道的组合，下面以表 3-2 来说明开业前的新媒体应该怎么做。

表 3-2 孵化器开业前新媒体工作一览

目标	目的	内容	渠道
知道孵化器管理层	使潜在客户了解管理层的行业形象	孵化器管理层对于行业的见解	微信公众号、今日头条、知乎专栏、脉脉专栏、知乎问答等
知道孵化器	使潜在客户了解孵化器及管理层的专业形象	目前正在如何做孵化器，专注于哪些细节	在微信朋友圈发碎片内容，累计多条后可发微信公众号、今日头条作盘点
了解孵化器服务	使潜在客户了解孵化器的服务	针对目前各类工位，找到每个工位的特色并分享其理念	微信朋友圈发碎片内容，累计多条后可发微信公众号、今日头条、知乎专栏作盘点

续表

目标	目的	内容	渠道
信任孵化器品牌	促成潜在客户实地考察	邀请潜在客户进行实地考察	从线上即时通信工具洽谈到线下约见详谈
成为入驻客户	跟踪客户做出入驻决策	线上用相关话术、日常问候以及了解该团队相关的行业内容	线上用即时通信工具进行一对一深聊,线下约见保持沟通

如果要把开业前的这些事情都做好,可能需要做好文案、设计等各项工作,好在现在的互联网提供了很多便捷的工具,大可自己尝试一下,团队内部把这些事情分解掉做好。如果不能,可以考虑找外部运营团队出谋划策。值得注意的是,外部托管只能在战术上获得支持,但在战斗力上其实更应依靠孵化器运营团队自身。

下面简单回顾一下孵化器的自媒体运营思路:

- 根据孵化器目前所处阶段,找到在新媒体运营上的目标。
- 根据新媒体运营上的目标,分析得出适应情景的漏斗模型。
- 根据漏斗模型,分解得出可以尝试的各项任务。
- 根据各项任务的难度,尝试得出团队能力是否能胜任以及需要何种外力。

当你清楚自己需要何种外力的时候,那么哪怕是寻找外部运营托管平台来做孵化器新媒体,也会更加得心应手。

孵化器自媒体如何降低营销成本

自媒体发展到现在这个阶段,已经五花八门,流量红利已相对较少,但也并不是没有机会。我们以我们的知乎账号为例,大致分享一下我们的工作流、效果预估以及成本控制。

我们品牌在知乎上的营销思路正如前文所说,是先建立个人品牌,后建立孵化器品牌。当然,随着知乎机构号机制的建立,现在可以有更多玩法,以下思路也仅供参考与启发。

首先,并不是看到合适的提问就直接回答。我们的工作流如下:

• 选择有一定关注度的提问（占 70％），选择关注度呈上升趋势的提问（占 30％）。

• 在 Quip 上进行粗略问题的回答，用各种碎片时间即可，有时候甚至只给出大纲。

• 在 Quip 上完善相关提问的回答，例如图表制作、图片设计、文案优化（毕竟不是给自己看的，是要给提问者和有类似问题的人看的）等，让看的人觉得这是一个认真的回答，同时也是一个"好"回答。

• 根据时间节奏发布相关回答，同时保持回答库里总有新内容更新。这样的好处是账号曝光是持续性的，也可以根据对回答情况的反馈，有时间做后续调整。

• 分享在知乎上的回答内容，让你的好友们支持你的回答，成为你的粉丝。

• 如果还有精力，可以在好友圈中找到几个朋友，对回答内容进行反馈，以便后续再做类似回答的时候有反馈。

工作流除了能让我们更有节奏地进行内容发布以外，最重要的就是效果预估了，见表 3-3。

表 3-3 "知乎"问答列表

问题	状态	关注人数	编辑	上线	业务相关
"只差程序员"为什么会招黑？	【发布】	10179	✓	✓	创业咨询
中国为什么没有像 YC 一样成功的创业孵化器？	【发布】	699	✓	✓	场地租用
互联网创业，有好的项目，是写好商业计划书就会有人投资吗？	【发布】	1333	✓	✓	创业咨询
你的创业项目，如果腾讯跟进复制了，你会怎么办？	【发布】	7241	✓	✓	创业咨询
创业公司怎么找投资人？	【发布】	5028	✓	✓	创业咨询
孵化器哪些服务才是最重要的？	【发布】	103	✓	✓	场地租用
创业小公司如何在财力有限的情况下，打造愉悦的工作环境？	【发布】	16903	✓	✓	场地租用

问题	状态	关注人数	编辑	上线	业务相关
国内有哪些不错的创业孵化器？有什么优势和特色？	【开发】	1210			场地租用
拿了投资人的钱却创业失败，在商业圈子里的后果都会有哪些？	【开发】	20565			投资
有哪些成本是老板们开公司前未曾预见到的？	【开发】	17099			创业咨询
程序员为了期权加入创业公司，值得吗？	【开发】	3874			创业咨询
有哪些在发达国家很普遍，在中国却行不通的商业模式？	【拒绝】	22947			创业咨询

我们可以在表中看到，我们每个挑选的问题都有关注人数，在知乎这个推广渠道上的这个数值，就是我们回答发布后的关注上限了。通过回答获取了多少点赞可以得出转化率，通过当日点赞数和新增粉丝数可以获得转化率。我们记录下数值变化，再做成曲线图，就一目了然。

通过一个月的时间，大概就能清楚，我们在知乎上的运营能力大概有什么样的上限，以及如果要突破的话，可能需要做哪些努力。如果想做一些低成本甚至零成本的营销，这里也介绍几招。

所谓成本，并不能只用预算来看，成本中还有资源、时间、精力，因为团队的时间能够产生的价值是不同的，所以我们要考虑周全。因此，这里指的零成本，更倾向于用来做营销内容测试、初期粉丝积累等。

• 知识营销：用你的知识去让你的用户快速地了解你所在的领域。

• 资源营销：利用大量资源堆积成解某个领域必需的内容库。比如我们的STO-RIES的微信公众号，扫一扫就可获得3000多份行业报告。在资源泛滥的时代，大家都很懒，谁能整理好资源就关注谁，这种需求越来越强。

• 归纳总结：和知识营销不同，归纳总结更需要将你的经历变成故事，更偏向于主观的经验之谈。你们可以看看互联网孵化器知乎专栏，我们会把一些问题、观点总结分享出来。

• 背后揭秘：讲述一个让你欲罢不能的故事。这些背后揭秘往往是一个好像不在逻辑之内的故事，但是又合乎情理。

以上几个做法——知识营销、资源营销、归纳总结、背后揭秘，基本上都是属于零成本的营销内容制作方式。虽然是零成本，但如上文所提到的，如果想制作一份非常优质的内容，也是需要花上些心思的。

线下活动，孵化器中的策展人

好的演讲从来不只是 Keynote，而是把产品和自己做好

很多文章教授创业公司应该如何准备商业计划书和公开路演。看完了史蒂夫·乔布斯 1997 年回归苹果时的公开现状报告，才给了我真正的感触，而本篇文章的灵感也起源于此。我的一个强烈的感受是，优秀的公司贩卖产品（version），伟大的公司贩卖远景（vision）。

准备商业计划书

对于商业计划书，一般的建议是每分钟一页幻灯片。在内容上能够讲清楚痛点、产品、数据、财务、市场、远景、团队、需求（下一步产品计划、下一步融资计划）；在形式上尽量干净，用少量的文字，尽量用图片（或产品介绍视频），演示效果越少越好。YC 的现任 CEO 萨姆·阿尔特曼对于商业计划书内容的建议是：涵盖公司使命、要解决的问题、产品或服务，商业模式、团队、市场情况、规模增长情况，财务指标。

准备路演

对于路演要自信，面向观众，语速稍慢，适当加重语气，尽量站定（避免来回晃动）。

核心问题

• 打磨好你的产品和团队。

• 一旦你对客户和产品非常熟悉，那么你一定会记住所有关键数字，并且形成自

己的逻辑。 你想要表达的内容都在你的脑子里，不需要写在幻灯片上。

• 你的产品和团队，你对业务的理解深度，你对整个行业的判断，都会给你带来坚定的自信，而自信是最关键的资源。

• 确定演讲稿的内容和形式，找出整个演示过程中几个可能的爆点。

• 多次练习，不断修正。

自信，是演示过程中最重要但也最稀缺的资源。自信是无法临时准备的，也是无法假装出来的。但是优秀的产品和团队会自然而然给你信心。简单来说，更多地关注你的产品和团队，你会拥有更多的自信，这些都会自然地反映在你的演讲稿和演示上。记住，优秀的公司贩卖产品，伟大的公司贩卖远景。

路演已死，智力永生

路演已死

目前在国内，几乎每一天在北、上、广、深等一线城市的各个咖啡馆或联合办公场地，都会有项目团队在做路演，或举办创始人分享活动。一般的路演有两种形式：(1)创业项目新产品发布，创始人上台演示新产品理念和功能；(2)创业项目上台路演，台下投资人作为评委进行点评。

我们先谈第一类——创业项目新产品发布路演。

第一梯队：也即质量相对较差的梯队，我们称之为"无知者无畏"。正常流程逻辑不清，演示演讲稿文字太多，创始人表达能力有限，产品很少有现场演示。

第二梯队：质量中等，更多是效仿苹果的发布会。大多互联网项目的路演都处于中等水平，学习的也都是乔布斯在苹果全球开发者大会上的演示风格：注意流程，注意细节，注意数字，创始人有足够的气场，有流畅的现场产品演示。当然，都是为了获得下一轮融资。

第三梯队：对于项目来说是一个非常好的自我梳理的机会。看质量高的路演，更像是在看一部电影，整个过程有清晰的脉络，文字（演讲稿）和声音（背景音乐）都经过深度推敲，主演（创始人）有足够的气场，产品足够优秀，所以敢于做现场演示。最重要的是，后续融资或产品推广只是目的之一，更多的是做智力上的分享，关于产品,关于原因,关于行业,关于反思,关于总结,关于情怀……

与国内的很多创业公司一样,路演会逐渐呈现两种趋势:(1)抄袭;(2)一窝蜂。黑客马拉松开发活动就是如此。人们很快会对这些事情产生疲劳感。核心是,要想清楚为什么做路演以及要做有灵魂的路演。

智力永生

第二类是创业项目融资路演。其实对于项目创始人来说,你需要的不是演讲,而是搞清楚你到底在做什么。

抽象出来看,成功融资是项目扎实和团队优秀的自然结果,参加路演只是为了后续融资而更多地接触投资人的渠道方法之一。产品和团队才是核心,路演只是渠道之一而已。

我们并不是说不要参加任何路演,而是认为应借着参加路演的机会,好好反思一下产品的业务逻辑到底是什么。你的产品做得越扎实,你对产品的核心逻辑理解得就越清晰,你对整个行业的了解就越深入,所有这些都会反映在路演现场以及后续与投资人接触的谈判桌上。

除了核心问题之外,还注意到每个细节,才是完美的演讲。不断的练习是需要的,演讲也是可以锻炼的。即使是乔布斯,在每次全球开发者大会开场前也在反复练习,关注每个细节。演讲稿在内容上要逻辑清晰,在形式上要简单干净。

孵化器中的策展人

活动是空间的线下导流

孵化器和联合办公空间每个月都会举办很多活动。一些空间每月举办的活动超过 40 场。

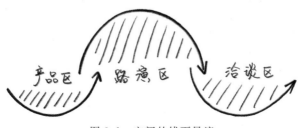

图 3.1 空间的线下导流

实际上,对于空间来说,线下活动是能够实际导流的,其中的部分参与者有可能转化成为空间后续实际的租户。所以简单来说,如果说自媒体能够为空间带来线上的流量,那么线下活动就能为空间导入线下的流量。

不同类型活动对于空间的意义

空间内部会举办很多不同类型的活动,数量最多的要数项目路演。有些空间会举办自有品牌的项目路演会,密集的每周一次,松散的每月一次。更多的孵化器空间会选择和外部的投资机构及 FA 机构合作举办项目路演。路演活动对空间来说,是很好的拉新机会。首先,这些来参加路演的项目团队来到了这个新空间,如果后续有办公室更新需求的话,可以顺利转化为租赁客户。其次,来听路演的观众也很有可能是第一次来到空间,不管是自己有需要还是推荐给身边其他创业的朋友,都是一次很好的宣传孵化器空间的机会。

其次,每月有很多的嘉宾分享或者论坛活动在空间内举行。流程一般是:先有2~3位嘉宾做主题分享,之后所有嘉宾上台做一个圆桌讨论,最后是观众问答环节。和项目路演一样,如果来参加活动的嘉宾和观众能够通过拍照分享到自己的朋友圈,也是宣传孵化器空间的绝佳机会。

再次,内部入驻的团队也会利用公共活动区来举办内部的交流会议,或者进行团队建设,如举办内部培训、新员工欢迎仪式、员工的生日派对等。公共空间的活动对于入驻客户来说,也算是一种增值服务。

最后,如果想充分利用活动区的公共空间,也可以不定期举办一些放松的娱乐活动,例如:电影放映会、CEO 圆桌晚餐会、桌游比赛和手游比赛等,借此活跃一下团队以及整个空间内部的气氛。

自有品牌还是场地支持,这是一个问题

接下来的问题是,孵化器空间是否需要很多自有品牌的活动。上面提到,很多空间会举办自己品牌的项目路演活动,但有些空间做得太多,每周都有2~3场自己组织的活动。这样下去,你会发现孵化器慢慢地变成了一家活动公司。这并不是一件好事情!

举办这么多的活动,首先,多少会干扰孵化器空间内已入驻客户的日常办公。

其次,在举办活动时,孵化器空间团队本身需要投入人力、时间和资金。资金先不说,这些人力和时间成本没有放在更加重要的新项目招募和已有客户服务上,而是放在活动组织、执行和收尾上,是非常不合算的。

所以从操作上讲,我们的建议是先支持,后主办。先通过场地支持,观察在自己的孵化器空间内到底会有哪些活动及其是如何组织的。熟悉情况之后,再选择一个对自己非常有帮助的活动类型,自己协调场地和组织活动。最后举办自己主办的品牌活动。自有品牌的活动宜精不宜多。还是那句话,不要让孵化器变成一家组织活动的公司。

孵化器中的策展人

如果按照上面说的宜精不宜多的逻辑,你会发现,空间中很多自有品牌的活动,和我们在外面看到的展览非常相似。而我们作为孵化器空间的运营方以及活动的组织方,多少会有点像展览的策展人。

在传统的策展流程中,你会看到:策展人会将传统的策展流程,套用在空间举办的活动中。以论坛活动为例:首先需要大 IP,即行业内大佬的站台。活动流程需要细心准备,包括整个活动的主题,大佬分享的内容和时间,分享内容的顺序,圆桌论坛的问题,主持人的邀请和串场词,整个活动的时间控制等。最后是活动推广,通过自己和合作机构在不同渠道的分发,招募感兴趣的观众来参加。

每一次大型活动的前期准备,都很像一次策展。如果你希望在自己举办的活动中能够产生高质量的内容和思想的碰撞,那么在前期的准备(策展)上需要花更多的时间。

口碑、中介与社区

精品空间和连锁空间如何招商

精品空间

单点空间或者说精品空间,一般在一线城市的核心区或副中心,特别针对某一细分领域的客户。同样,业主在这一领域也会有比较深的资源积累。

精品空间的面积一般不会太大,小到几百平方米,大到几千平方米。基于面积较小的原因,精品空间的招商主要靠社区关系和老客户的口碑。

业主在相应领域里的人脉积累,可以带来最初的早期客户。空间的业主在场地之外,也会带来上下游合作和资源,从而给团队带来额外的帮助。所以老客户也会通过口碑传播,带来新客户资源。

通过老客户的口碑营销,老客户推荐新客户,给予一定的物质性奖励还是需要的。但更重要的是,需要给客户归属感,老客户之所以会推荐新客户,最重要的原因是在这样一个空间工作产生了归属感,而推荐身边其他的朋友来同一个空间工作也能带来归属感,没有归属感就没有社区。

连锁空间

如果你做的是连锁空间,或者说平台空间。这类空间需要一定的空间面积,所以除了一线城市,在二、三线城市也会有所覆盖。整体的孵化器品牌不会单单针对某一领域，但不同的单点空间可能会有一个主题。连锁品牌空间背后的业主一般是大型的房地产集团。

相比于精品空间，连锁空间的整体面积一般会在几万平方米到几十万平方米。因为要管理这么大的面积，所以在连锁空间的招商中，传统中介是重要的合作伙伴和渠道来源。

与传统中介和其他渠道的合作方式，还是需要回归交易模式，资金（佣金）就是资产。需要注意的是，由于联合办公的付费客户主要是早期创业公司和中小企业，所以能够给合作中介的佣金，一般都要比传统的租赁业务的佣金比例更低。

口碑传播带来最优质的项目

最优质的项目

最优质的项目，指的是能够养活自己，每个月能够稳定付租，除了能带给孵化器空间业主短期的财务回报之外，企业未来的发展也会呈现爆发式增长。并且在项目和空间业主之间有紧紧的捆绑关系，即股权上的联系。

社区带来归属感

物以类聚，人以群分。只有一流的人才才能够吸引一流的人才；二流的人才只能吸引三、四流的人才。

套用在社区上同样如此，孵化器空间如果能吸引到一流的项目，那么这些项目会吸引同样优秀的项目进驻。而如果孵化器空间内已有的项目种类很杂且质量一般，那么后续入驻的项目质量也就可以想象了。

有一个理论很有趣，认为联合办公的核心是"社区"，而孵化器的核心是"项目"。项目更加偏重于交易，即投资和股权之间的关系，资金和股权即资产。而社区更加偏重于归属感，在社区经济中，尊重和信任就是资产。如果希望社区经济能够运转，必须使每个成员都信任这个经济体系。

带来实际的帮助

除了归属感之外，希望已有客户带来新客户的另外一个前提是，你已经为已有客户提供了实际有用的帮助。不管是在人才招聘、后续融资、媒体对接、资源引荐、导师对接上,还是帮助项目团队成员解决了生活问题,给项目带来真实的帮助,使客户认识到进驻这个空间除了场地之外还能得到额外服务,他们才会从心底里认同这个空间,自愿地帮助空间做推广,招募新团队。

粉丝效应或者粉丝经济,在孵化器和联合办公空间中仍然起作用。

更像"联盟"的孵化器和更像"集市"的联合办公

在 2017 年上半年,我很有幸参加了墨社①创始人饭叔举办的暖房派对,坐标在上海顶级地段长乐路和陕西路附近。在派对前的三周,我收到饭叔的微信:"老梅,暖房派对上,准备一下你对社区和孵化器的理解,做一个 10 分钟的分享吧。"

我答应了他,然后开始思考到时应该怎么"吹牛"……

问题很简单,就两个部分:第一部分是对孵化器的理解,第二部分是对社区的理解。

"社区"对于传统的地产招商来说,是一种新形态的渠道。除了通过自建招商团队以及中介和产业合作伙伴推荐的招商途径之外,还有通过自有客户形成的社区生态,推荐其他客户形成的"社区"招商模式,逐渐形成了小企业联合办公的主力招商渠道。

项目社区:《大教堂与集市》

我们从最小的社区单位——项目社区开始说起。很多人提到社区,第一个想到的是"开源社区"。而我想推荐的第一本书,就是和开源社区有关的《大教堂与集市》。

大教堂给人庄严肃穆的感觉,就像是机构的软件项目,从立项到完结,有强有力的机构进行管理和质量把控。

而集市熙熙攘攘,就像是开源软件项目,没有严格的标准,也没有强有力的机构来管理。表面上看开源社区像是"乌合之众",但当今全球普及的手机系统 An-

---

① 墨社是一个全新创业服务社区,由几位多次创业者一起创立。在这个社区里,你不仅能为你的创业团队寻找到合适的办公地点、参加和举办属于你的活动,还能通过这个社区认识跨领域、跨市场的,拥有相同价值观的伙伴。——作者注

droid 和 iOS 却都是开源的产物,开源社区好像又不那么像"乌合之众"。

而开源项目之所以能够自发地聚集这么多铁杆用户们共同参与,其核心在于:开源软件与机构软件项目有一个本质的差异。开源软件作品参与者往往源于开发者自身的需求和热爱,能驱动其持续改进开源软件,自驱动能力强。

而在机构软件项目中,有太多的软件开发者不需要也不热爱开发软件,只是将编程当作一份平常的工作,为的是拿薪酬,自我驱动能力弱。

公司社区:《联盟》

项目或者开源项目,往上一级是公司,一个公司下面往往有多个项目。而现在公司内部的运作机制,也在逐渐发生变化。运营一家公司和运营一支球队正在变得越来越相似。

在《联盟》这本书中,作者里德·霍夫曼提到:

旧的雇佣模式非常适合处于稳定期的公司。这些企业巨头向员工开出了一笔心照不宣的交易:我们提供终身工作以换取员工的忠诚服务。

任期制是一种结合了终身雇佣制和自由雇佣制某些优点的方法。任期制让雇主和员工建立信任、相互投资。同时,它保留了雇主和员工适应瞬息万变的世界所需的灵活性。

在联盟中,雇主和员工建立的关系基于他们为对方增加价值的能力。

集团社区:《硅谷合伙人》

多家公司聚合在一起,就是集团,集团就像是公司之间的社区。

《硅谷合伙人》很好地反映了一个集团内多家公司之间的竞争和合作关系。作者莎拉·莱西(Sarah Lacy)是前 TechCrunch① 高级编辑、PandoDaily② 创始人。

地区社区:《硅谷百年史》

那再往上一层,一个地区内的社区情况是怎样的呢?讲到创业和社区,一定会提到硅谷,那这本《硅谷百年史》你一定不能错过。

我们先来看看硅谷的过去:淘金热催生铁路业,而铁路带动运输业,运输业又

---

① 美国科技类博客,是美国互联网产业的风向标,里面的内容几乎成为 VC 和行业投资者的投资参考。
② 美国科技类博客,致力于报道创业公司及配套生态系统。

带动港口业。港口业有两个伴生作用：港口催生了沿海城市，城市需要电力，输电需要高压电力线，这使该地区成为电力工程技术的领先者。港口需要无线电通信，这需要电子信息业的发展，从而催生了半导体产业，而半导体产业又延伸出微处理器产业，从而产生了个人计算机，计算机又催生了软件业，软件业又得益于互联网，互联网巨头们创造了巨额财富之后，又投资于生物科技和绿色环保技术。简而言之，这就是旧金山湾区整个20世纪的科技发展史。

讲到硅谷，也一定会提到所谓的"生态系统"：这不仅仅是一种文化，还是一个完整的基础服务体系，它旨在促进、协助和奖励新技术领域中的冒险者。它不仅包括了实验室、工厂和办公场地，也包括了公司律师、营销机构和风险资本家。此外，还有源源不断地从本地大学毕业的国际学生，这一切都表明硅谷是一个为冒险文化提供服务的完整的生态系统。

社区艺术：《社区的艺术》

最后有一本书，我建议所有在从事创业社区、投资机构和联合办公的朋友阅读：在社区经济中，尊重和信任就是资产。如果想要社区经济能够运转，必须使得每个成员能够信任这个经济体系。社区的本质是归属感，没有归属感就没有社区。

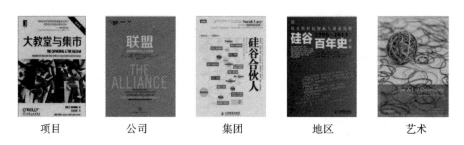

| 项目 | 公司 | 集团 | 地区 | 艺术 |

图 3.2 谈论"社区"的相关书籍

当我们谈"社区"时，我们到底在谈些什么？

我们经常挂在嘴边的"社区"，对我们日常工作的联合办公和孵化器的意义，到底体现在哪里？我们觉得，社区对于联合办公的意义，相比孵化器来说更加重要。对于孵化器来说，服务的最小单位是项目，服务的形式是主动参与。所以如果要从以上五本书提到的五类形态中选择的话，孵化器更像是"联盟"。在孵化器中，我们希望更加主动地服务于项目。而对联合办公来说,服务的单位是人,服务的形式是社区自发,更像以上五类形态中的"集市"。在联合办公中,我们希望入驻的客户(人们)之间能自发地形成沟通、活动或帮助的关系。

我们认为未来孵化器将越来越像"联盟",而联合办公将越来越像"集市"。现在新品牌的孵化器,都将原来负责"运营和招商"人员的叫法逐步转化为"社区经理",从这一点也可以看出大家对于社区越来越重视。而重视社区的最终目的,是提高品牌与入驻客户之间的黏性,增加客户自发的口碑传播,从而为项目带来新的流量与客户。

而以上这五本书,或多或少都在谈论社区,维度从小到大排列为:项目、公司、集团、地区、艺术。希望大家能从这些内容中获取一些如何做好社区的灵感。重视社区,最终是为了做好招商。

寻找与空间匹配的客户

要选对孵化器,先要问对问题

孵化器空间开业以后,我们遇到很多来咨询的客户,一开始经常被问到的是:你有什么政策?租场地是什么价格?有没有优惠?我想对于这些问题,联合办公和孵化器的从业人员每天也会遇到。

这些问题曾经很困扰我。我是做孵化器的,并不是做房地产的。这些问题应该问房地产的招商经理更加合适。

作为孵化器的从业人员,我们希望入驻的客户在项目上能够顺利地发展。我们希望除了基本的场地之外,更多的价值能体现在后续的服务上。

反过来,如果我们站在客户的角度考虑,当一个创业项目在选择空间的时候,政策、价格和优惠真的是最关键的要素吗?可能并不是。

以我们曾经接触和服务过的优秀项目为例,在第一次来过空间,做完简单介绍、考察了场地基本情况之后,一般会被问如下的问题:

- 你（孵化器）有什么能帮我的?
- 我要做什么,才能入驻（拿到投资）?

你会发现,真正优秀的项目在和孵化器空间交流的时候,不是一上来就直接询问租金或优惠政策,而是更看重交流,多聊项目。通过交流,双方更加了解对方的情况,才能进一步确定彼此是否匹配和互补,空间是否有后续的实际服务提供给项目方。最后，优秀的项目创始人思路清晰，目标明确，会直奔主题：怎么做才能入驻或者得到后续的服务？这样的交流才是正确而高效的流程，经过初步接触，然后双方坐下来详细交流加深了解，最后决定是否入驻。

很多时候，你会发现，问对问题比回答问题更难。

大学生创业者是否有必要加入孵化器？

有些人认为，孵化器其实就是出租办公室，换个名字、搞个新噱头，目的是在出租办公室的同时拿到一些国家的补贴。

不同背景的孵化器，其目的会有些许不同，但一定不止是出租工位那么简单，它更多体现在为创业者、创业公司提供的服务上，这些服务是能够在产品上、商业上帮助创业者快速增长的。就拿我们自己的孵化器来讲，我们会把项目咨询和商业咨询作为为入驻企业提供的核心服务。

对于大学生创业者，具体肯定要看个案的情况，但是从整体比例上来说，大学生第一次创业，加入合适的孵化基地是很有必要的。

选择加入合适的孵化基地有几个好处：

- 协助解决创业初期一些共性的基础问题（注册、法律、财务）；
- 降低了办公成本，不用承担装修费；
- 降低了社交成本，方便认识其他优秀的创业者和投资人，积累早期的人脉；
- 可以从其他创业项目和创业者身上快速学习。

从创业项目阶段上来看，处于中后期的项目，随着公司和团队的逐渐成熟，对于孵化基地的需求会逐渐降低。所以更加适合加入孵化基地的，还是处于早期的项目，团队处在打磨阶段，产品和服务处在想法或开发阶段。

另外一些知名大学也有自家的孵化器或者加速计划，比如国外有斯坦福大学的 Start X、麻省理工学院（MIT）的 MIT 创业中心；国内有清华大学的启迪之星等。对于第一次创业的大学生来说，合适的孵化器会有很大的帮助。

创业公司如何正确选择孵化器

你不是一定需要孵化器

我们经常会提到一个观点:不是所有的创业公司都需要融资。

大部分的风险投资机构都是财务投资,财务投资需要退出,并且追求回报,回报来自被投企业的高成长。所以大部分的 VC 追求的都是具有高成长能力的公司。不同的创业公司具有不同的特性,有些是一门很好的生意,比如在学校附近开一家文具店或早餐店,能带来不错的现金流。但是这样的公司,并不一定需要 VC 的投资,也并不一定能够拿到投资。孵化器同样如此,有过两次或三次创业经历的人,在资金和人脉上已经有一些积累了,对于孵化器的需求并不强烈。所以孵化器面对的人群,大多是第一次创业或者做产品的人群。

所以在真正开始选择之前,先要问自己一个问题:我真的需要加入孵化器吗?

选择一家优秀的孵化器

如果你非常确定需要孵化器的场地、投资和投后服务方面的帮助,在目前如此众多的众创空间和孵化器中,该如何做出选择?

关键词一:优秀

优秀的孵化器一般都有共性:底层有内生需求,上层有资源支持,两点缺一不可。底层有内生需求,一是指创业公司对孵化器有需求,而不是孵化器做出来之后再去找团队;二是指孵化器的内部人员把运营孵化器当作一家创业公司来做。上层有资源支持,指外部有包括投资人、专家、导师、合作伙伴等方面的资源,在需要的时候可以通过孵化器来做资源整合和导入。

关键词二:匹配

选择一个和你具有同等知识结构(一定是稍强一点),并且是同样处在高速成长期的孵化器。本身太弱的孵化器,创业团队可能看不上;特别强势的孵化器,对项目的时间投入可能又不够。

关键词三:成长

项目在成长,孵化器在某种意义上也在成长。能够相互学习是很重要的。

不同背景空间的运营之道

不同背景下的孵化器空间，在招商和运营自己的品牌时有不同的策略。

政府背景

有政府背景的孵化器或科技园，为了满足当地的招商和产业需求，大多都会采用"盘活存量，导入增量"的策略。盘活存量，指的是盘活地区周围的存量产业；导入增量，指的是导入新兴的、有未来发展前景的高科技产业。

双方的合作模式，一是服务采购，二是合资公司。我们讲讲第二种合资公司，即双方共同负责孵化器的规划、建设及运营。政府科技园主要负责孵化器的场地空间、装修、物业及资源接入；市场孵化器主要负责孵化器的前期整体规划、方案设计、人员培训、资源整合、孵化服务设计及实施、外部项目及资源接入。双方共同负责空间的团队招商。在利益层面，双方共同分享空间客户的租金收入以及未来优秀项目的接触和投资机会。

地产背景

有地产背景的商业综合体，会充分利用自己现有的物业资源。核心的地段和大面积的空间资源，是有地产背景的孵化器最核心的资源。在运营策略上，往往也会先拿出一部分非核心的物业资源出来做孵化器，目的是吸引一部分高科技小企业的入驻，从而带活周边的其他业态商家。

有地产背景的商业综合体，会更加希望与有投资或服务背景的商业孵化器品牌合作,双方优势互补。同样,合作的模式一是代为运营,二是合资公司。

企业背景

有企业背景的孵化器是这几年的主流,越来越多的大型企业或中小型企业在新建企业创新孵化器。这类孵化器的空间,基本建在企业的研发中心内部或附近。

在招商和运营策略上,企业的孵化器既面向内部员工,也面向外部的创业企业或个人。

大学背景

有大学背景的孵化器,大多由大学的计算机学院、商学院或创业学院主导负责。目的是为从这些学院毕业并且创立了自己公司的校友提供后续服务。这种孵化空间一般都在校内的教学楼或者学校附近的科技园内。

在招商和运营策略上,学校的孵化器更多还是侧重于对内,服务于在校学生或者毕业校友。

接下来,我们以一些实际的地产、企业和大学背景的孵化器为例,看一下他们的做法。

房地产:前店后办公的 Bespoke

图 3.3　Bespoke 办公店外部

Bespoke 位于美国旧金山韦斯特菲尔德(Westfield)购物中心的四楼。

Bespoke 背后的大老板是全球最大的零售物业集团韦斯特菲尔德。韦斯特菲尔德购物中心位于旧金山市中心,是当地最大的购物中心之一,每年客流量超过2000 万人,其内有超过 200 家零售和餐饮店铺。集团希望通过挖掘这座创新金矿,将网购带到实体店中来,于是便开了这家叫作 Bespoke 的办公店。

Bespoke 是为创业的电商们开设的,目的是让它们能够在实体商铺落地,从而直接面对顾客。

图 3.4　Bespoke 办公区

差异化

Bespoke 办公店和一般的联合式、服务式办公室或者创业孵化器的差别在于,它是前店后办公的模式,旨在将高科技与线上零售相结合,将网上出售的商品放到实体店中,让消费者能直接看到、触摸并实地测试全新的电商产品。

特色

• Bespoke 有一间会议室,一边可以打开对外经营,让路过的顾客来试用新产品,而关起门又可以开封闭性的会议。

• Bespoke 晚上也营业,路过的顾客可以随时进店与创业者们参与产品交流和讨论。 店里也有封闭的产品试用空间。

• Bespoke 拥有一个大型会场,最多可以容纳 1200 人,可以举办产品发布会。同时这个会场也可以分割成 4 个独立会场使用,举办小型活动。 在休息区中设计了人工草坪,可以玩高尔夫球和板球,室内还有攀岩墙壁。

- Bespoke 开发了一个商场内的订餐 App，可以预定商场餐厅内的一切美味。
- Bespoke 还拥有一个阅读室。

大公司的创新之困：历史上的科技巨头们，是如何被新物种击败的？

文章的灵感，来源于硅谷著名的风险投资机构 A16Z（Andreessen Horowitz）公司的一期播客，A16Z 在 2016 年 3 月 13 日上线的节目 *Disruption in Business… and Life*。内容是 Startup Grind 活动的现场录音，两位嘉宾分别是：马克·安德森（Marc Andreessen）：A16Z 风险投资基金创始人；克莱顿·克里斯坦森（Clayton Christensen）：哈佛商学院教授、破坏式创新之父。

在两位嘉宾交流的过程中，克里斯坦森的一段话令人印象深刻，大意如下：

在传统的商业领域，你会趁着一家公司主营业务疲软时发起攻击，希望击倒对方。但破坏式创新是传统的巨头在它们的主营业务方面都表现良好，并没犯什么错误，可能只是在对未来的判断上，出现了迟疑或错误，等到觉醒时已经晚了。

我们回看过去 60 多年，硅谷在科技创新过程中不断涌现的那些科技巨头们，会发现，几乎每 10 年就有一家全新的巨无霸公司诞生，以全新的技术、产品与服务和传统巨头公司竞争，颠覆传统的习惯和做法，逐渐抢占市场，成为行业第一。

换一个角度，以生物学为例，某一物种的领袖，例如狮子，并没犯什么错误。但由于互联网的兴起，养成新物种的成本不断下降、周期不断缩短。巨头（狮子）可能还没注意到，突然回头一看，一个更庞大的新物种（恐龙）已然在身后。

面对破坏式创新，应该如何应对？

- 自己养新物种：从小开始培养，这就是孵化器做的事情。
- 拉拢新物种：在新物种还没长大前认作兄弟（战略投资）和同学（财务投资）。

以 Google 为例，成立 Google X 内部实验室，是为了自己培养新"物种"，而成立 Google Ventures 和 Google Capital 是为了拉拢新"物种"。

大公司的创新魔咒

图 3.5　乔布斯在 IBM 总部门口

这是一张经典的老图，1983 年乔布斯在 IBM 纽约总部门口对着 IBM 的标志竖起了中指。当时，IBM 在个人电脑（PC）行业处于垄断地位，而苹果则是号称打破 IBM 垄断地位的挑战者。接下去在 1984 年，我们在苹果第一代 Macintosh 发布会的现场看到了那条经典的广告："1984 年 1 月 24 日，苹果电脑将推出 Macintosh，你会明白为什么 1984 年不会是小说中的 1984 年。"（On January 24th, Apple Computer will introduce Macintosh, and you'll see why 1984 won't be like "1984".）IBM 是 PC 领域曾经的老大，现在第一把交椅已经是苹果的了。

我们再来看一些其他公司的案例，或者说大公司的创新魔咒。

Xerox

施乐可能是一家逐渐被我们所遗忘的公司，但是当年它的施乐帕洛阿图研究中心(Xerox PARC,Palo Alto Research Center)可谓是家喻户晓。激光打印机、鼠标、以太网、图形用户界面、Smalltalk、所见即所得编辑器，以及史蒂夫·乔布斯和比尔·盖茨之间最经典的"争吵"。

1973 年,第一个图形用户界面在施乐帕洛阿图研究中心诞生。乔布斯和比尔·盖茨一起去 PARC 晃悠了一圈,乔布斯偷师了鼠标和图形界面,然后盖茨也跟着开发了图形界面的 Windows 1.0。之后乔布斯十分恼怒。盖茨冷静地坐在那里,看着史蒂夫的眼睛,然后用他尖锐的嗓音对乔布斯进行了一次经典的反驳:"好吧,史蒂夫,我认为我们可以用不同的方式看待这件事。我认为它更像是这么回事:我们同时拥有一个名叫'施乐'的有钱邻居,我破门而入,想偷他的电视机,却发现你已经把它偷走了。"

摩托罗拉

摩托罗拉在智能手机时代已经快要被人们遗忘,保留下来的只有员工、专利、品牌。谷歌在 2011 年收购摩托罗拉,为了它的 1.7 万个专利。2014 年,摩托罗拉将 3500 名员工、2000 项专利和品牌归入联想移动。但在手机行业,摩托罗拉在硬件、设计、材料、供应链、测试领域仍然非常强大。但是它可能一直没有想明白:手机已经成为一种快速消费品。小米是打着工艺品的名义做快消品,摩托罗拉则还在打着工艺品的名义做工艺品。

诺基亚

乔布斯在 2007 年发布了苹果手机一代,之后的诺基亚一路走下坡路,直到 2013 年以 50 亿美元的价格被微软收购。可能很少有人知道,最早支持触控屏幕技术并且搭载智能操作系统的手机,即触屏智能手机,是诺基亚的 MyOrigo。但它也只存在诺基亚的研究院内,被"消费者不会喜欢在手机上滑来滑去"为由"枪毙"。

问题到底出在哪里?

以上的所有公司,在资金、品牌和客户在对应的细分领域内都有绝对的优势。我相信在内部,它们一定也有研究所、创新实验室和战略投资部等部门。但是在与创新产品和新创公司的竞争中,它们最后还是失败了,到底出了什么问题? 我们可以把一些表层的原因归咎于:对于消费者需求的不敏感,实验室技术产品化的不足,胆子不够大、决策不够快。但如果我们看得更深一点,公司激励机制不足,架构官僚化,研究团队缺少话语权,经理人制度导致的短视,才是它们失败的深层次原因。"创新"是小公司创始人唯一的出路,通过管理提高"效率"是大公司管理者主要的工作。

我们应该如何应对?

看完了一些经典的案例,我们看下接下来应该如何应对(见表3-4)。

表3-4　大公司应对"创新魔咒"的方式

应对方式	案　例	核　心
顶层支持	Google,AWS,Twitter	顶层、长期,打破来自目前现金流项目的压力。从架构上改变体制的官僚化。这当然得益于大型互联网公司独特的业务模型和边际效应。
硬件氛围	Rocket Space 服务输出	环境改变氛围。
软性氛围	Plug & Play 服务输出	引入外部合作伙伴,激活内部创新基因。

"术"与"魂"

如果政策、场地和资金真的起着决定性作用,那么地球上就不会只有一个硅谷。孵化器、创新实验室、场地、资金、政策都只是"术"。这些资源都是重要的,但不是最重要的。大部分人都希望用钢筋水泥再"建"一个生态,其实你要做的只是给予有知识结构的人才自由生长的可能性。孵化器就是可能性,那就让它发生。将对于新鲜事物与变革的理解、渴望和拥抱,外化成行动力。这才是"魂"。

由 Google 新的组织架构 Alphabet 产生的联想

近日,Google 对旗下所有的业务线做了一次重大的梳理和调整。简单来讲,就是将所有资产重新梳理整合到新的集团公司 Alphabet 旗下。

布局现在

Google Ventures vs. Google

• Google Ventures: 中短线战略投资（资本），为公司现有业务线寻找重要的战略投资项目

• Google: 传统互联网核心业务（业务）

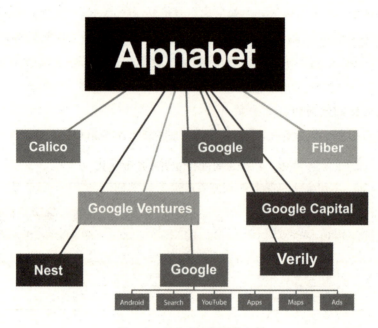

图 3.6　Alphabet 旗下业务线

Google Ventures 是弹药，为 Google 现在的核心业务提供战略投资项目的机会。

布局未来

Google Capital vs. Google X

• Google Capital：长线天使投资布局（资本），为公司未来业务线寻找重要的战略投资项目

• Google X：内部创新实验室（业务）

Google Capital 是弹药，为 Google 未来的产品线提供战略投资项目的机会。

产业布局

Calico vs. Nest

• 未来医疗：Calico

• 智能家居：Nest

整体规划

Alphabet 整体可以划归为三部分：资本、现有业务、未来实验室。Google Ventures 和 Google Capital 是资本，Google，Calico 和 Nest 是现有业务。Google X 是未来实验室（孵化器）。

本质上是一家广告公司

Google 对于产业整体大局的把握是令人赞叹的，Google 创始人在公司上市之前并没有过多地被资本左右，在上市之后还能够主动做出重大调整的行动力更是令人敬佩。Google 本身的搜索业务为公司带来最大的现金流，但是看上去它更像是一家广告公司。

Alphabet 重组的意义

Google Ventures 和 Google Capital 能够通过战略投资，持续为公司带来新鲜血液。Google X 能够保持公司对于最新科技的敏感性。但是如何平衡在资本市场上战略投资的项目、从 Google X 实验室内部内生出来的项目以及目前 Google 本身核心及控股的现金流项目？与此同时，还能够在不影响现有现金流项目的情况下，培养公司下一个现金流产品（不管是内部研发还是战略投资），这可能是公司战略层面在考虑的事情，也是这次 Alphabet 重组的意义。

创始人基因

但是，从另外一个层面，即公司创始人本身的性格方面考虑，这次重组之后，两位极客（Geek）创始人能够有更多的时间，从原有已经非常稳定的业务层面中脱离出来，更多地投入到对于未来更有战略意义的项目上去。

大学：国内外大学孵化器比较

众所周知，大学作为大部分人才走向社会前的"象牙塔"，输出最多的是直接就业，其次是进一步深造，而在这个全社会推广创新的时代，有一种新的选择被大学所重视——自主创业。社会对大学的评价体系已发生了变化，除了教学和科研，还增加了对社会贡献的考核指标，大学对创新的带动正在成为一个硬指标。英国《泰晤士报》对大学的评估，就增加了产业的贡献一条，大学孵化器应运而生。

国内大学孵化器

(1)清华大学:启迪之星

清华大学采用"孵化器+基金"的模式,依托于启迪控股,每年滚动出资、持续投资初创企业的孵化和天使投资基金,其孵化流程分为三个阶段:第一阶段约3个月,提供免费场地,对接资源,获得10万~50万元人民币的种子投资;第二阶段,如果团队质量不错,则引入启迪天使基金,再投50万~100万元人民币;第三阶段是对接其他天使基金。退出机制:A轮开始退一点,B轮开始盈利,C轮完全退出,象征性地留下一点股份。

(2)上海交通大学:慧谷创业中心

慧谷创业中心成立于1999年5月,是由上海交通大学、上海市科学技术委员会和上海市徐汇区人民政府联合组建的社会公益性国家级科技企业孵化器,立足于为高科技企业技术创新创业提供全程服务,促进科技成果转化,培育高科技企业和企业家。该中心为在孵企业提供一定的研发资金,有政府和大学背景的多支创新基金投资,通过交大的丰富资源,帮助企业获得外部融资。

(3)复旦大学:复旦国家大学科技园

复旦国家大学科技园创建于2000年,由复旦大学、上海杨浦科技投资发展有限公司、上海陆家嘴金融贸易区开发股份有限公司、上海上科科技投资有限公司、上海市科技创业中心、上海新杨浦置业有限公司六家股东投资组建,注册资本1亿元人民币。该园重点关注电子信息类中小企业,为孵化企业提供办公场地和融资服务平台。

(4)同济大学:创业谷

创业谷依托同济大学学科优势、教学资源以及学科专业优势,从项目的"前瞻性、市场性、学科交叉性"等三个方面全面评估项目资质,为入驻项目提供实验室、活动场地、设备等硬件支持以及工商、税务、法律、地方政策咨询等软件支持。根据项目的成熟度与可行性,为初期项目提供政府支持咨询、资金小型投入、陪伴式导师;为中期项目提供培训课程以及外包服务。

国外大学孵化器

(1)斯坦福大学:Start X

Start X 于 2013 年 7 月获得 40 万美元风投(来自 Groupon,AT&T,Founders Fund,Cisco)。Start X 的特点是选人优先于选项目:

- 创始人团队至少有一位是斯坦福大学的学生老师或者校友。

- 在初期不占有股份的情况下,提供全免费的场地以及创业服务(导师、活动、人脉对接)。

- 拿到外部融资后会直接跟投融资总额的 10%(可以拒绝)。

比尔·盖茨曾说:"大学应该在推动社会发展科技创新上做出重大贡献。有两个学校做得好,一个是斯坦福大学,一个是清华大学。"

(2)加州大学伯克利分校:SkyDeck

SkyDeck 位于伯克利市中心最高层建筑的楼顶套房,由商学院和工程学院合办,侧重于指导创业者如何做好产品及对公司和产品的包装,讲好故事。

在加州大学伯克利分校的学生眼中,创业似乎并不是他们最好的选择。Fiance 表示:"在过去的时候,这里的学生并不喜欢冒险,而是想要走一条更加稳妥的个人发展道路。其实在几乎所有行业中,我们都有着最优秀的研究能力。但是这里就是缺乏创业的环境和文化。"正因如此,SkyDeck 应运而生。

(3)麻省理工学院:MIT 创业中心

MIT 创业中心于 1993 年创办,由麻省理工学院校友提供资金。针对创业过程中的不同阶段,细分为六大独立运作的机构进行指导。

(4)英士(Insead)国际商学院(前译欧洲工商管理学院):Social Innovation Centre

Social Innovation Centre 于 2002 年创办,主打企业的社会责任理念,资金来自学校、社会团体或个人资助。学校与微软、联合利华、强生等大企业合作,以实施社会责任项目。

(5)牛津大学:The Oxford Launchpad

The Oxford Launchpad 由牛津大学赛德商学院创办,给予牛津学生一个公共创业空间,会提供办公场地和相应物品,可以预约会议室和活动场地。该机构强调培养学生创业时的领导和协作能力。

(6)剑桥大学:The Centre for Entrepreneurial Learning

The Centre for Entrepreneurial Learning 发起于 2003 年,其前身是剑桥创业中心,随后分成两个独立组织 Cfel 和剑桥 Enterprise。Cfel 是一个不以营利为目的的组织,设在剑桥大学嘉治(Judge)商学院。它联合大量校友,企业家通过几大品牌活动给学生创业者制造丰富的交流和学习机会。

差异性分析

(1)发起人背景

大学孵化器无一例外是由大学本身主导发起,其中国外大学稍有不同的地方是主要由商学院创办或者是与其他学院合作的产物,目的都是提升大学的创新动力,跟上时代的步伐。现在也有一些大学校友或者老师自己出来做孵化器,与自己母校合作,既利用了母校资源,又实现了市场化,例如同济校友的"零二一"孵化器等。

(2)运营模式

大学孵化器主要由政府和大学提供资金,用科创基金或者校友基金来投资项目,从这个角度来看,几乎像是学校或者某个学院的一个部门。不同的是,国外大学如麻省理工学院主要是由大量富豪校友提供资金,英士国际商学院则从社会获取资助,一定程度上实现了"去政府化"。而 Start X 还对外融资,让整个孵化器的运作更加市场化,尽量摆脱原有学校传统的条条框框。

(3)中外大学孵化器的差异性

其实不难看出,每一个大学孵化器都有一些自己的特色,清华的新型孵化器概念与复旦、上海交大的传统国家科技园的孵化器概念就已经截然不同。Start X 与剑桥、牛津的创业中心,不论是在运营模式还是在服务的方式上都有较大的差异。每个孵化器在模式新旧及实际的效果上也有一定的差异。那上升到中外孵化器层面，应该如何去比较？

复旦、上海交大、同济所做的是非常传统的大学孵化器模式。清华所做的是向科技地产转型的孵化器模式。谈到国外孵化器，商学院和工程学院在其中起到了很大作用。国内大学孵化器比较依赖政府资源，有很多国内著名的高等学府都有自己的孵化器，然而其中如清华大学与同济大学这样的新型孵化器较少，无论是官方介绍主页推广模式还是办公环境等方面，大部分还停留在过去老旧的国家科技园模式，没能及时转型。这其实也与国内新型孵化器的概念成熟较晚有很大关系。

国外大学孵化器一般由商学院创办，资金来源较为多样，但没有一家是政府直接资助的，多为社会团体或校友资助，依赖政府的程度相对较低，而且不乏如 Start X 这样较为市场化的孵化器。整个办公或者说活动环境往往比较开放，类似于学校的社团活动那种氛围。

中外大学孵化器最大的区别在于对孵化的项目所期望的东西是不同的。国内大学孵化器以把项目做大做强作为第一目标，在筛选项目时往往更多关注项目本身而容易轻视人的重要性。而国外大学孵化器首先是选人，只要人足够靠谱，项目可以换，通过它们对所孵化企业创始人和学生的专访来看，孵化器就像是一个无私的老师，每周最关心的是创业者学到了什么，甚至教的是如何做好有社会责任的企业，而不是拿到多少用户、有多少盈利，这在国内比较罕见。

学校孵化器与社会孵化器的差异

大学孵化器无一例外是以大学作为主导创办的，社会孵化器多有政府、地产、VC 或者其他背景。这样会导致的情况是，大学孵化器往往成为替校内人员创业服务的非营利组织，社会孵化器多半是为了选出好的项目进行种子投资，然后给自己背后的基金、母基金、合作的 VC 等筛选投资项目来获得收益，还得兼顾着"二房东"这个副业。既然如此，大学孵化器就有资本可以多做些非政府组织（NGO）项目、社会企业项目、偏慈善项目，社会孵化器则会更加侧重于有商业价值的项目，从而出现目的上的不一致。大学孵化器更像是一个大学里的创业课堂，为学校培养出创业人才，从而提升自身影响力以及壮大校友会；社会孵化器则是希望通过成功的案例宣传自己的品牌，吸引更多的案源。

总结

• 国内大学孵化器由学校和政府主导，学校和政府资助，市场化程度较弱；国外大学孵化器由商学院或工程学院主导，资金来自社会，市场化程度相对较高。

• 国内大学孵化器优先选项目；国外大学孵化器更多的是在选人。

• 国内大学孵化器在意的是如何提升企业绩效、开拓市场；国外大学孵化器在意的是创始人每周学到了什么。

• 大学孵化器会多做一些 NGO 项目、社会企业项目、偏慈善的项目；社会孵化器则更加侧重于具有商业价值的项目。

从最终结果上来看，商业上特别成功的项目，很少是从学校孵化器内直接走出来的，或者说所占比例非常低。

章节延伸阅读一

专访加州大学伯克利分校孵化器内项目
Etch. ai 创始人费德里科（Federico）

为了更加清楚地理解美国孵化器的现状，我们联系了目前就读于美国加州大学伯克利分校（简称伯克利）的费德里科。出生于 1993 年的费德里科是一名连续创业者，目前是 Etch. ai 的创始人，同时也在兼职帮助中国的几家基金做虚拟合伙人。他的公司就在伯克利的内部孵化器里。以下的对话中，用 S 指代 STORIES，用 F 指代 Federico。谈话内容主要分三块：（1）个人经历；（2）美国大学孵化器整体情况；（3）伯克利孵化器的情况。

个人经历

S：请先大概介绍一下你自己吧。

F：我是在半年前从伯克利辍学，开始全职创业的。因为从小就热衷于创业，初中的时候开了第一家公司（非常小的小公司），Etch. ai 应该算是我的第三次创业了。由于从中学开始学了 4 年商业并且初次创业，同时开始做界面设计以及前端开发，所以类似 Jack of all trades（万金油）的我算是连接团队里各个成员的枢纽吧。现在我作为 Etch. ai 的 CEO，负责产品管理。我也非常幸运，兼职在美国帮助两家跨国的 VC 做了十几项种子投资。

S：能不能简单聊一下你目前正在做的项目 Etch. ai？

F：Etch. ai 希望通过人工智能帮助那些联系人太多的用户自动归类管理各种散落在各地的信息以及消息记录（比如说 Email，Google Calendars，社交媒体账号以及各种在线信息）。我们的第一款产品是一个智能社交助手App，让用户可以对自己与每一位联系人之间在不同渠道中的交流记录一目了然。我们的最终目的是通过我们的人工智能分析技术，将如用户分析、客户管理、智能招聘等大公司才能承担的商业智能（Business Intelligence）产品开放给全世界中小型企业。同时我们有幸找到了行业里的领军人物，LinkedIn的创始人兼第一位CTO作为我们的导师；我们也是唯一一家他正在辅导的公司。

S：美国大学孵化器的运营模式具体是怎样的？如何赚钱？是否投资？

F：伯克利Skydeck是一家由学校赞助的非营利性加速器，其运营模式与大部分加速器类似：提供办公场地、导师资源以及一定的资金补助。早期其通过伯克利的校友资源聚集了不少高质量的导师和投资人，经历了几期孵化/加速后聚集了越来越多的外来资源。我们这一期对于SkyDeck并没有进行直接投资，因此也没有占股。"资金"则是通过亚马逊AWS给了团队10万美元的服务器费用。由于SkyDeck暂时属于非营利组织，并没有任何收入。不过新的负责人正在筹备募集一支基金，相信以后会向营利型孵化器发展。

S：能否举一些例子，说明从大学孵化器中毕业的经典项目？

F：SkyDeck还相对比较年轻，所以不少成名的校友公司反而没有经过Sky-Deck的孵化（比如说影评网站的始祖烂番茄，吉他英雄，Oculus VR，Salesforce这些项目的创始团队里都有伯克利的校友，现在他们大部分也都在SkyDeck做导师）。大家最近最熟悉的应该是那个无人机项目Lily Robotics吧，前段时间不知道为什么在朋友圈上转疯了。近期还有一些YC投资的公司，如Xendit，Instant eSports等。

美国大学孵化器整体情况

S：美国各大高校孵化器的整体情况怎么样？

F：工程学院比较出名的学校（如伯克利、斯坦福大学、卡内基梅隆大学、麻省理工学院)都设置了一些内部的孵化机制。伯克利的死对头斯坦福大学的StartX应该是所有孵化器中最成熟的一个了——有多年的孵化历史，培养出了不错的公司，并且斯坦福大学的校友导师资源非常优秀，同时也吸引了非常多投资人的目光。伯克利则是在近年开始追赶，不同于StartX的一枝独秀，在伯利克中从早期孵化器到晚期加速器，以及软件、硬件及各类孵化器有不下四五家，可以说创业风潮也越来越热，并且开始受到越来越多的硅谷投资人的注意。麻省理工学院和卡内基梅隆大学也都有各类的孵化器项目以及年度创业比赛等，并且培养出了不少优秀的公司。不过由于他们在美国东部，我对他们的了解没有前两所学校那么深入。

S：美国东、西部大学孵化器有没有一些明显的差异？

F：创业的话肯定是贴着硅谷的西部学校更加火热，之前应该有人做过统计：全世界创业公司最多，并且校友融资最多的学校还是斯坦福大学第一，伯克利第二。虽然说孵化过程本身可能大同小异，但是我相信还是西部大学的孵化器与硅谷的创业和投资圈融入得更加完善一点(合作、校友人脉、投资人脉等)。当然，前两名之后的几家大学，大多都来自东部(因为西部有名的大学没有东部那么多……)——哈佛大学、麻省理工学院、卡耐基梅隆大学、宾夕法尼亚大学等著名学校也孵化出了很多高质量的创业团队，只是数量较少。

伯克利的孵化器情况

S：先聊聊你所在的伯克利吧，在创业方面我们大多数人对于麻省理工学院和斯坦福大学听到的次数可能更多一点。

F：在创业方面，斯坦福大学的确是名气最大的，而工程方面麻省理工学院则是名气最大的。但是如果从各个专业来看的话，伯克利大学的工程学院与斯坦福大学齐名，仅次于麻省理工学院，商学院中Haas则排名前五，创业氛围应该说仅次于斯坦福大学(有地理优势)。由于伯克利大学是公立学校，在美国内部的大学排名受到了一定的冷落(貌似是前20名)，在刚刚出来的国际大学排名中，我记得伯克利大学是排名第三，还比斯坦福大学高了一名。不过我一直认为，排名没有任何实际意义,一所大学的风气以及你所在的专业的特定资源对学生来说才是最重要的。从创业和工程角度来说,斯坦福大学的创业历史远远超过了伯克利,但是伯克利的计算机专业学生则几乎每年都能在黑客马拉松上打败斯坦福大学。要说和麻省理工学院、斯坦福大学之间最大的差异,就是人数和资源分配。由于伯克利是一家公立学校,他们每年招收的学生远远超过了另外两家学校的总和(为了照顾本地居民)。因此,尽管伯克利本身提供了不输给其他两家学校的资源,但竞争更加激烈,因为这些资源需要平摊到更多的人身上。所幸伯克利大学的工程学校和商学院一直保持小而精的规模,比较有效地缓解了这个问题。另一方面则是风气——伯克利有着全美高校中最开放的风气之一。相比于斯坦福大学和麻省理工学院的小、美、精,在伯克利附近街上随处可见流浪汉、嬉皮士和本地的艺术家。这种更加随意、开放甚至破落的氛围都是其他两家学校所没有的。

S:伯克利大学内的孵化器具体是什么情况?

F:像之前所说,伯克利大学内虽然有着大量的创业资源,但是这些资源大多相对分散,光是孵化器就有 4~5 家。其中主要分成 3 类:

由学生和毕业生运营的早期孵化器,类似 Free Ventures。他们注重培养学生的创业兴趣,鼓励他们从业余的项目开始做,慢慢转化为创业项目。其收取的项目也提前到点子阶段。其孵化成本非常低,当然成功率也很低。

伯克利提供了一系列的创业课程,我当时也为这些课程做过助教。这类课程大多以实践为核心,鼓励课堂内的学院组队进行头脑风暴,并在一个学期内去完成一个创业想法的早期调研以及 MVP 开发。有不少团队在上完课后会决定继续进行他们的创业项目——因此主办这些课程的创业部门 CET 就成立了 Venture Lab 孵化器,专门负责孵化从这些课程里毕业的高质量项目。

伯克利里面最晚期的孵化器(应该说是加速器)和我们所认知的孵化器比较相似,主要有学校官方的孵化器伯克利 SkyDeck 以及一家专注于硬件孵化、与校友合办的营利性孵化器 Foundry。

当然,除了这三类之外,还有最后一类:外来孵化器。伯克利本地除了有 We-

Work 这样的办公场地之外,也有越来越多的硅谷投资人来到这里开办自己的孵化器,比如说 Sand Hill Angels(天使投资集团)成员之一的大卫(David)最近在筹备他的新孵化器 The Batchery。Greylock(格雷洛克),KPCB(凯鹏华盈)等早期基金则赞助成立了一支由伯克利在校学生运营的小型投资基金——Dorm Room Fund(宿舍创业基金)。也有不少其他基金通过创业比赛的方式来吸引/帮助孵化伯克利的创业项目。

S:入选伯克利大学孵化器需要符合什么样的条件?

F:首先不同的孵化器对于创业项目的阶段要求不同。对于 SkyDeck 来说,作为学生创业加速器,他们希望能够收取产品已具雏形,最好已经有一些运营数据的创业项目。这样团队在被孵化时可以专注于成长。要说唯一的硬性规定的话,则是项目团队里必须要有至少一名伯克利的在校生或毕业生。其他方面,其实他们的筛选条件和大多数孵化器一致,以人为中心,配合市场、商业模式、运营数据等方面进行判断。

S:伯克利的孵化器和麻省理工学院、斯坦福大学等理工科大学的孵化器有什么区别?

F:这个之前也提到过多次了,伯克利的孵化器资源相对分散,而斯坦福大学的则高度集中。好处在于各个阶段的孵化器保证了伯克利可以从最早期开始进行创业人才的输送,而坏处则在于由于资源的不集中,伯克利的官方孵化器 SkyDeck 远没斯坦福大学的 Start X 成熟和有名。麻省理工学院方面我不是非常了解。

S:最后,你在美国和中国的孵化器都待过,有什么特别的感想或建议?

F:我的感想主要分三点:

对于创业者们,大家可以关注一个现象:在硅谷,我身边有不少公司很骄傲地声称自己处于“stealth”(隐形)模式,为的是能低调地完善产品,躲过被大公司“碾压”的厄运。而国内似乎不是非常流行这个模式——不少人在产品还未成型之前就寻求曝光、炒作，并专注于项目估值上。这个方式在培养出了不少成功的公司之外也酿成了不少笑话。我觉得在这方面，大家可以理性地将"高调"与"低调"两种态度作为公司运营的一部分去思考。哪些项目需要早期曝光和炒作，哪些需要低调地完成产品的调试？若能将目光放在长远的目标上，剔除情感因素和心理冲动，把这些外界因素的控制都作为运营一部分来考虑的话，相信能得出一些有意义的结果。

从投资角度，我发现了另外一个现象：从表面上看，硅谷团队的平均质量的确高过国内的项目——不仅名校背景遍地开花，团队大多也都五脏俱全（设计、开发、商业都有），还有各种大型科技公司的背景，所以这些项目大多都会让人产生想投资的冲动。最近我也看到越来越多的国内投资人在硅谷越来越活跃。在我看来，其中主要分为三类：

（1）他们常年在硅谷寻找高质量的华人创业者，拉他们回国创业，并且很少进行硅谷的本地投资。相信他们坚信中国市场的潜力，并专注于中国本地市场。

（2）他们常年在硅谷进行美国团队的投资，作为连接美国与中国的桥梁。中国标签为基金打上了差异化标签，吸引到了不少高质量的项目。

（3）他们为硅谷高质量的团队与项目而激动，觉得硅谷的项目远比国内项目更有吸引力，因此开始越来越侧重在美国进行投资。

我觉得不管哪一种类型，都有他们自己的思考和理由，但是如果作为一名投资人，你正在考虑成为这三类人中的一类的话，不妨考虑：硅谷在有着高质量的人才、团队和成熟的创业体系的同时，也代表了那里的竞争体系愈发成熟。这意味着市场空白和创业公司的成长空间也受到了大量的限制。考虑到这个因素后，再反过来看国内投资和硅谷投资，哪一个更值得投资就仁者见仁、智者见智了，我也希望能多多听取大家的看法！

对孵化器来说，硅谷的孵化器表面上看起来大同小异，实则已经做到了不小的差异化。纵观最有名的几家孵化器：YC 以其庞大的校友网络和成功的投资案例位列第一，而它之后的几家孵化器都与其略有不同；500 Startups 除了自身的公司构架和孵化业务都不同于 YC（更注重现金流）外，今年也越来越多地投资亚洲、欧洲等地区高质量的初创企业。Alchemist，Tandem Capital 这类孵化器则注重于纯 B2B、硬件等特定行业的孵化。TechStars 在美国东部、得克萨斯州等多个地方开设孵化点而不是专注于硅谷。Plug and Play 则有着庞大的地产业务支撑。今年由于政府政策的支持，国内的创业孵化器如雨后春笋般地往外冒，希望大家也开始像 STORIES 一样去考虑，如何为自己的孵化器进行定位，并且优化自己的收入来源、公司构架和孵化模式来维持自己的竞争力。

章节延伸阅读二

再议书店：有关空间、发现和定位

　　我们曾经做过一期播客节目：书店的二次复兴是不是泡沫，主题内容是传统书店与独立书店，其中聊到传统书店与现代书店、连锁书店与独立书店、实体书店的式微，现代书店的存在意义和书店的未来。

　　我发现自己好久没逛实体书店了。光磨嘴皮子，也没花时间好好实地考察。遂约好友一起，花了半天时间逛了三家书店：钟书阁、言几又、猫的天空之城。

优秀的书店要同时做好布局、灯光和音乐

　　在前文《空间、内容与人的关系》一文中我们提到："咖啡馆、博物馆与孵化器，都是空间、内容与人三者关系的重新组织。"

　　对于博物馆来说，场地承载内容，人消费内容，内容与人呈现一对多的关系。对于咖啡馆与孵化器来说，人就是内容，场地对于人的承载就是对于内容的承载，人与人之间的关系，即是网络的关系。

　　套用在书店这样的实体中，书店是空间，书是内容，客户对书的阅读和购买，就是对内容的消费。基于这个层面，一个好的书店空间，应该具备怎样的条件，才能更好地承载书（内容），最终使消费者能够得到舒适的消费体验呢？

合理的空间设计

　　整体的空间布局包括：出入口设计、收银台和休闲区的位置、人的动线、人们会在哪里停留、在哪里坐下、在哪里交流，书架设计，过道宽度，人的导引系统设计。毕竟在书店里，更多的交流应该是在人和书之间进行的。良好的空间设计，除了能提供一个舒适的外部空间环境之外，还能提供一个介于人和书之间的相对独立幽

静的小空间。

明亮的内部灯光

发现和阅读是人们在书店里的主要行为,所以明亮的灯光是必需的。我们看到越来越多的零售店和餐厅开始采用幽暗的灯光设计来营造环境,用射灯来突出重点。但在书店里,书架上的书才是主角。应该尽量少用射灯,每个人的阅读口味不同,很难保证射灯指向的书能合客户的口味。所有的书都应该是平等的,应该享受到相同的待遇,所以使用明亮的白炽灯就好。

适当的背景音乐

书店里太吵肯定是不合适的,我们不是在夜店;太过安静又显得有点孤独。适当的背景音乐能够营造出一种环境音,使得即使单独一个蜷缩在角落阅读的你,也不会感觉是孤身一人。

一个好的书店空间,需要同时做好以上三点:布局、灯光和音乐。

推荐位是核心,帮助用户发现有趣的新书

新书发现

现代的实体书店,越来越多地承担着帮助消费者发现有趣的新书的功能。大部分书店入口处是推荐位:销量最佳推荐、分类最佳推荐、上架新书推荐等。人们选择逛书店的很重要的原因,也是来看看在自己传统获取新书消息的雷达图谱之外,能否发现一些新奇有趣的书,可能人们最终还是会选择在线上购买,因为价格更便宜。有趣的是你会发现,线下实体书店基于线上图书电商,就好像蘑菇街基于淘宝,是帮助人们发现有趣商品的流量入口。

服务人员

服务人员很关键,好的书店内部的服务人员能够带给你两个感觉:专业度和亲和力。专业度体现在,当你有找书的需求时,他能及时出现在你身边帮你解决;亲和力体现在,你在遇到困难时,愿意第一时间求助于他们。

周围人群

当你逛书店时,周围是什么样的人,在很大程度上决定了你在书店的心情。如

果周围都是拍照的游客或者跑来跑去的"熊孩子",你可能很难静下心来发现和阅读。

不同定位,不同意义的书店

创始人的基因和想法,决定了每家书店的差异化定位。而目前,人们对所谓书店的定义,也早已不同于以往。钟书阁更多地回归传统意义上的书店;猫的天空之城在传统书店的概念上添加了咖啡的元素,是书店+咖啡店;言几又书店则又添加了更多其他的空间元素,是书店+咖啡店+零售店+亲子店+体验店。

不同的定位,又决定了消费者是在不同的点上做消费决策。钟书阁的消费点在于实体书的购买;猫的天空之城的消费点在咖啡的购买和活动的举办;言几又的消费点在餐饮、活动、零售以及店中店的租金。

CHAPTER FOUR

第四章

投资与服务:传统是可以拿来打破的

孵化器如何在投资与服务上做出差异化，前文曾提到要颠覆传统种子投资与创业服务的做法。颠覆早期投资是门艺术活，项目的股份决定了孵化器收益的上限。颠覆创业服务，服务是差异化的核心，决定了项目的留存和复购。

早期的投资者，更像艺术家

对于一级市场上的投资，我们有一些自己粗浅的想法。在抽象层面上，天使投资人更像艺术家，VC 机构投资人更像生意人，而中后期投资人更像银行家。接下来，我们分享三个原创的理论。

投资人的 Knowledge Gap

（1）什么是 Knowledge Gap？

Knowledge Gap，即知识壁垒。举个例子，如果我们的投资方向是游戏领域，那么我们对游戏领域的整个产业链都要有所了解：产业链上有哪几个节点，每个节点做什么以及它是否赚钱，每个节点分别有哪些公司，这些公司分布在北上广深哪些城市，我们和这些公司的创始人是否熟悉。这些内容我们都需要熟悉，并且它们会形成我们对游戏领域一个基本的知识壁垒。

（2）如何使用 Knowledge Gap？

当我们和项目方进行交流的时候，会使用这个知识壁垒，去测试坐在桌子对面的项目创始人对这个行业的熟悉和理解到底是什么程度。假设我们自己对游戏行业的知识壁垒是 80 分的话，如果桌子对面的创始人不能接住我们的问题，意味着他们的知识壁垒还没有超过 80 分。而我们要寻找的，是那些能够超越我们的知识壁垒的创业者，那些达到 85 分、90 分甚至 95 分的创业者。

但反过来，如果我们自己对游戏行业的理解只有 40 分的话，那么大多数我们所接触的创业者都能超过我们的知识壁垒，那就很难判断和挑选出那些真正优秀的创业者了。

所以构建自己对于细分领域的知识壁垒是第一步。

投资人的 Pattern Recognition

（1）什么是 Pattern Recognition？

Pattern Recognition，即投资人的模式识别能力。什么是模式识别？同样举个例子，如果我们要教一个小朋友认识玫瑰花，我们会怎么做？可以打印 100 张不同玫瑰花的照片重复给小朋友看。最后，当我们拿出第 101 张玫瑰花的照片时，小朋友应该能大致判断出这是否是一朵玫瑰花了。

（2）如何使用 Pattern Recognition？

判断项目同样如此，如果我们每年看 1000 个项目，那么当看到第 1001 个项目的时候，你不需要花很多的时间，就可以大致判断出这个项目是怎样的水平。

时间局限性是大部分投资人都面临的问题，而模式识别可以在很大程度上解决这一问题。

于不确定性中寻找确定性的艺术

在早期的天使投资领域中，从某种意义上说，我们是在一个高度不确定的行业里，寻求某种确定性的规律和财务回报。

（1）通过降低单体项目风险来降低整体基金的系统性风险

假设你管理一支基金，每年投 20 个左右的项目，我们传统的做法是，花更多的时间搜集更高质量的案源，做好业务、财务和法务尽职调查。通过降低单个项目的风险，来降低整个基金的系统性风险，即精准投资。

116

(2)通过放大项目的样本数量降低整体基金的系统性风险

但硅谷的一些早期基金和孵化器的整体理念和做法则完全不同,它们并不把希望寄托于降低每个项目的失败概率,而是增加投资项目(样本)的数量,并通过精细化运营,增加项目与项目之间、创始人和创始人之间、团队和团队之间沟通交流的机会,从而增加项目转型甚至团队重组的可能性(当然希望是往好的方向转)。样本数量越少,这样新的重组和裂变的可能性越小;样本数量越多,重组和裂变产生新物种的可能性越大。这样的重组和裂变产生的新物种,在基因上往往优于上一代的物种,生存能力也更强。通过这种方法,提高了产生更优基因项目的可能性,实际上降低了单个项目的失败概率(即使你失败了,你也有可能参与到产生新项目的事业中去)。

简单来说,不是简单降低单个项目的失败概率,而是增加项目样本数量,提高重组和裂变的可能性,让高失败概率的项目参与到重组和裂变中去,延长它们的生命周期,间接地降低这些项目的失败概率,最终的结果仍然是降低了系统性风险。

在本章,我们将讨论两件事,即针对早期创业项目,我们应该:如何投资?我们应该如何服务?

针对如何投资的问题,有以下建议:(1)学习那些明星投资人的案例;(2)分析如何能够挖掘到最优质的早期项目;(3)讨论早期创业项目应该如何投资;(4)思考自身应该具备什么条件才能做好投资。

针对如何服务的问题,我们会讨论:(1)孵化服务为什么重要;(2)哪些孵化服务才是核心;(3)如何建立整套孵化服务体系。

你不知道的那些明星投资人

随着二级市场的跌宕起伏,2015 年下半年,似乎每个投资和创业圈的人在见面交流或参加活动时都逃不过这样一个问题:"资本寒冬真的来了吗?"

为什么会提出这么一个问题?这是一个伪命题吗?这个问题和我们有强关系吗?如何回答这个问题?

问题一:寒冬真的来了吗?

简单地回答:"是的,寒冬真的来了。"从 2015 年年中开始,二级市场确实受到了很大的影响。然后我们默认的逻辑是,二级市场对于一级市场会有传导效应,当然中间需要一些时间。

问题二:资本寒冬会影响初创企业吗?

会,也不会。

说"会",是因为简单的逻辑是:庄家(LP)的钱袋子紧了,会影响到投手(直投基金),从而影响到目前正在市场上寻求融资的创业项目。说"不会",是因为我们谈的可能都是趋势和大环境,但实际上具体涉及投资时都是个案,针对的都是个体。对于投资机构来说,无论市场是好是坏,只投最好的项目(比如 Paypal 的成立和拿到融资,都是在经济最困难的互联网泡沫破裂之后)。区别无非是,市场好的时候,项目竞争激烈,出价会高一点;市场不好的时候,项目溢价空间更大,出价会低一点。对于创业企业同样如此,只要你的团队和项目足够好,不用太在意市场的情况。反过来，如果你的团队和项目都水平一般，整体的环境可能会影响你是否能够拿到钱（那些可投可不投的项目，机构可能会选择不投）。

问题三：初创企业如何应对资本寒冬？

保持初心，回归本质。保持初心，是指初创企业的创始人应该有独立的思考能力和处事态度。无论市场好坏，对资金的分配方式、对团队的控制、对项目的进度把握，都应该有自己的看法和节奏。市场可能会对让你对决策进行微调，但不应该有大的影响。回归本质，打磨好团队和产品是唯一重要的事情。你要始终相信，只要你的产品和团队足够好，投资人是会找到你的。因为找到好的团队和产品是投资机构的工作，不是你的。

那些大佬们都在捣鼓啥？

互联网注定是个高速发展和快速迭代的行业，每时每刻都在推陈出新。随着国家对互联网以及创业的关注，似乎大街小巷中都有人在谈融资，谈某场发布会，传统企业没有"互联网＋"的光环都不好意思出去"吹牛"。我们来回顾一下过去几年，各位大佬都在捣鼓些什么。

拉里·佩奇（Larry Page）

2015 年谷歌所做的最大一件事无疑是整合所有业务成立 Alphabet，然后通过 Alphabet 梳理出了各式各样的业务，其中有一个似乎已经被我们遗忘的存在——Calico。

Calico 于 2013 年创立，作为谷歌旗下的疯狂实验室 Google X 的延伸，附属于谷歌（现在是 Alphabet），由基因泰克公司（Genentech）前 CEO、苹果公司现任董事长亚瑟·莱文森（Arthur D. Levinson）负责，其主要目标之一是大幅延长人类寿命。

近两年来，Calico 并没有大新闻，但在其官网还是可以发现诸多进展的，2015 年它先后与加州大学伯克利分校的 QB3 及 AncestryDNA 合作研究与人类寿命相关的遗传学，又在多所著名大学开办合作实验室。选择做这种研究注定要经历漫长的过程，也许未来几年甚至几十年都会依旧沉寂，然而初心从来不会改变。

杰夫·贝索斯（Jeff Bezos）和伊隆·马斯克（Elon Musk）

亚马逊 CEO 杰夫·贝索斯的 Blue Origin 公司，之前在西得克萨斯州试验场地发射了 BE-3 火箭，运载了一个无人驾驶的太空舱进入亚轨道，达到 62 英里（99.8 千米）的垂直高度，击败 Space X，成为第一家成功重复使用火箭的宇航公司。该火箭造型奇特，不过也许这就是其中的秘密。

一个月后，特斯拉创始人伊隆·马斯克的 Space X 也成功回收火箭，并且达到 200 千米的高度，具备送入多颗卫星进入轨道的能力，Space X 在真正的轨道飞行发射中实现一级火箭回收，其难度其实比 Blue Origin 要难许多，同时大幅降低了发射火箭的成本。

未来，两位科技界大佬还会继续在火箭技术上折腾不止，虽然两家定位有所不同，但最直观的效果是上太空会可能会越来越容易，美国国家航空航天局（National Aeronautics and Space Administration，NASA）送个补给，至少火箭这方面技术足够，如果再拍一部《火星救援》也许就不会如此惊心动魄了。

尤里·米尔纳（Yuri Milner）

俄罗斯知名技术投资人（尤里·米尔纳），曾在早期对 Facebook，Twitter，阿里巴巴集团等科技巨头投资并且获得了数十亿美元的回报。2015 年 5 月他在伦敦宣布，将投入 1 亿美元资金用于 Breakthrough Listen 计划，借助天文望远镜以及软件和数据开放来寻找地球以外的智能生命。

项目将会持续 10 年，利用设在美国西弗吉尼亚州的绿岸射电（Robert C. Byrd Green Bank）天文望远镜以及澳大利亚的帕克斯射电望远镜观察太空，接收可能来自外星人的信号。在资金的分配方面，2/3 的投资将用于建造设备和招聘宇航员，剩下的则用于天文望远镜的租用。

这个计划极富科幻色彩，我们对外星人的印象几乎都来自科幻电影，其中有异形那样敌我关系的，也有一些萌萌的可以做朋友的。UFO 是否真的存在？这些都还仅仅是猜想，而现实也许就是 Breakthrough Listen 未来得出的结论。

马克·扎克伯格

扎克伯格的 2015 年是极其富有意义的一年，无论是在事业还是家庭上。在事业上,Facebook 一路高歌猛进,Oculus VR 表现抢眼。家庭上,他喜得一位小公主,更是捐出了 99% 的股份用于慈善。他还投资了一所学校——Altschool。

Altschool 创办于 2013 年,最近被硅谷热捧。扎克伯格与彼得·蒂尔领投完成了 1 亿美元的新一轮融资,此前的种子轮到 A 轮共融资 3300 万美元,投资者包括 A16Z 和约翰·杜尔(John Doerr)。这所面向学前班到 8 年级孩子的学校试图去解决一个教育困境:以"儿童为中心"的个性化教学是否必然无法像公立学校那样规模化、标准化地运作? Altschool 探索创新型小学的模式,最具特色的地方是会根据每个学生的情况制定不同的培养方案。

比尔·盖茨

比尔及梅琳达·盖茨基金会成立于 2000 年 1 月,其创立者为微软公司创始人比尔·盖茨及其妻子梅琳达·盖茨。该基金会属非营利机构,旨在促进全球卫生和教育领域的平等。该基金会现有资金已经超过 400 亿美元,而每年必须捐赠该基金全部财产的 5%。

在 2015 年,比尔·盖茨夫妇打了个赌,他希望在 2030 年前消灭脊髓灰质炎、麦地那龙线虫病、象皮病、河盲症和致盲性沙眼。这几种疾病在发达国家极其少见,因此经常被忽视。但它们的存在,让一些落后地区的人生不如死。

不难看出,这些大佬们所做的事情,很多其实都与我们的生活息息相关,但却很难获得短期内的回报,甚至长时间都不会有财务回报。他们希望借助自己的资源和资金去解决一些社会问题,当然这不是说他们都是圣人,也许也有一些私人目的。我们每天都会遇见不同的人、做不同的事,生活本身就充满着无穷的不确定性,唯有爱能不断激励所有人。

Paypal 创始人彼得·蒂尔投资的那些疯狂的项目

要说世界上什么地方创业氛围最浓,那非硅谷莫属,在这里诞生了诸多互联网巨头,同时也是怪咖云集的大舞台。说到彼得·蒂尔,最先想到的是他是 Paypal 的联合创始人——"黑帮头子"、特斯拉汽车早期投资人、特斯拉创始人马斯克的铁哥们儿。2004 年,他投给了一位哈佛大二学生、20 岁的马克·扎克伯格创立的 Facebook 50 万美元,如今 Facebook 市值已经突破 3000 亿美元。也许你看过他所著的一本畅销书《从0到1》,接触了一些他与世俗大相径庭的想法,然而他并不是想想而已,是真的做了很多被业内人认为"疯狂"的项目。

(1)天马行空的蒂尔基金会(Thiel Fundation)

图 4.1 彼得·蒂尔

在与其他"Paypal 帮"成员一起建立了风险投资公司 Founders Fund 后,2006年彼得·蒂尔创立了泰尔基金会,目前它每年捐出 1300 万～1500 万美元。Founders Fund 管理的资金从 2005 年的 5000 万美元增长到了如今的 20 亿美元,年回报率达 35%～45%。然而我们关注的却是这支似乎不那么出名的慈善基金,让我们看看蒂尔基金会都干了些什么。

(2)长生不老疗法:SENS

该项目创始人奥布里·德·格雷(Aubrey de Grey)是基金会的早期受益者,从事极具争议性的抗衰老战略工程研究。格雷正在努力开发一种能够延缓衰老(或许是无限期延缓)的再生疗法,他甚至认为人可以借此活到 1000 岁。等等,这不就是中国古时候秦始皇所追求的"长生不老"吗?哪怕在这个科技高度发达的年代,长生不老似乎也只是痴人说梦,然而如果反观过去,要是没有找到抗生素等药物,人类的寿命便不会不断延长。所以,延长寿命是人类一直以来的追求。

(3)海上乌托邦:海洋家园协会(Seasteading Institute)

2008 年,蒂尔与诺贝尔经济学奖获得者米尔顿·弗里德曼(Milton Friedman)

的孙子帕特里·弗里德曼（Patri Friedman）共同创立了 Seasteading Institute，旨在在现有政府之外建立一座浮空城（floating city）。蒂尔两次注资该项目，总额达到225万美元。根据计划，他们将建造数十座甚至数百座人工岛，彼此可互相串联形成"海洋城市"。随之而来的问题是，这些人工岛的国际法地位不明朗。在迪拜、日本都建有用途多样的人工岛，但这些人工岛都是某个国家领土的一部分，与其他天然领土一样，受到各种法规的约束。而海洋家园则致力于探索新的社会组织形式和治理方式，人们可以选择在这里成为真正自由的"全球公民"。这个"自由"的定义到底有多自由呢？没有社会福利，没有最低工资，对武器限制较少，建筑法规宽松……

其实在这个生活节奏极快的时代，人们有那么多的"不得不"，做着那么多的妥协，似乎自由已变成一种奢望，许多人都希望有《桃花源记》中的世外桃源，有小说里的"浮空城"。在1986年宫崎骏制作的电影《天空之城》中诠释了世人这样一种脱离世俗约束的想法。比利时著名建筑设计师文森特·嘉勒博曾经设计过一个形似百合花瓣的水上可移动城市模型，可以根据不同的风向和气候在地球上漂流。日本清水科技公司也提出过未来水上城市的设计概念，主张着眼于利用绿色科学理念，建造低碳节能的"巨大睡莲"城市，但这些也只是停留在概念上而已。彼得却已经在着手做起来了，尽管如他自己所说难度很大，但依然要做。

(4)海上孵化器：Blueseed（Unreasonable at Sea）

Blueseed 的商业模型将创业孵化器、邮轮以及房地产结合为一体，公司由海洋家园协会的两位前研究员创办，彼得·蒂尔是第一位投资人，可能是作为海洋家园计划的一部分。该孵化器力图打造一整个生态系统（导师、人才库、投资人、服务提供者等）。其解决方案是在硅谷的海岸12海里以外的国际公海上放一艘船，让1000名来自世界各地的创业者在上面工作。这些企业家可以通过商务签证来到美国，在船上期间，他们也可以用商务签证往来美国，开会、旅行（他们无法在美国合法工作，工作将在船上进行）。最终，当公司获得投资，规模扩大并有机会雇用美国人从而获得 E1 投资签证以后，他们将搬入硅谷。该计划的目的是让创业团队在封闭环境、零距离接触的情况下，营造出大学宿舍一样的适合灵感迸发的创业氛围。Blueseed 将从驻扎在上面的创业公司中提取 6.5％的股份,并收取每人 1200 美元左右的租金。2012 年该孵化器的 Unreasonable at Sea 项目带着 50 个创业项目,从美国圣地亚哥港出发,途经 12 个国家(及地区)的 14 个国际化港口,经历了 105 天的全球之旅。其中第四站是中国上海(2 月 3 日),第五站是中国香港(2 月 7 日)。目前,在没有任何营销成本的情况下,已经有来自 66 个国家、400 家公司的 1300 名创业者申请加入。

(5)人造牛肉:Modern Meadow

Modern Meadow 是一家 3D 生物打印公司,因成功利用 3D 打印出牛肉汉堡包而闻名。2014 年,由李嘉诚的风险投资公司维港投资(Horizons Ventures)牵头,Modern Meadow Inc. 获得了 1000 万美元的 A 轮投资。其实早在 2012 年,彼得·蒂尔就为该公司投资了 350 万美元。世界上可利用土地的 1/3 被用于畜牧生产;需要大约 180 升的水,才能生产出 110 克汉堡包;20％的皮革在生产过程中被浪费掉,而且生产过程中需要大量人力从事有毒的工作。在创业者大胆的设想下,人造牛肉被研发出来了,未来 3D 打印器官等很可能就不再局限于现在的一些替代材料上,真正实现打印"肉体"的那一天还会远么?

(6)大学辍学项目:20 Under 20

该项目于 2011 年由彼得·蒂尔创立,创立至今已经有将近 6 年,每年在全世界不到 20 岁的少年中选出 20 人,让他们来到硅谷,给这些孩子介绍最有用的人脉关系、配备最牛的导师(很多是彼得·蒂尔自己的创业伙伴),并直接给每个人 10 万美元的资金进行创业,或者发展自己感兴趣的项目,为期两年。目前,该项目已经启动超过 60 家公司,总计外部融资超过 10 亿美元。不过这个项目有一个广受争议的条件,就是学生必须休学,而对很多申请者来说这就意味着辍学甚至不上大学。前哈佛大学校长拉里·萨默斯,就曾直言不讳地将这一项目称之为"近十年中最不当的慈善事业"。CBS 电视台的著名主持人查理·罗斯曾经问他:大学不光是职业训练,还可以让青少年广泛地接触知识、交朋友、树立自己的世界观等,难道这些事情也没有价值吗?彼得的回答是:有价值,但没有性价比。也就是说,这是一种把教育当成一种职业训练的完全市场化的操作,年轻人应该早一些接触社会,才会在现实当中更加有竞争力。

如果你也是亿万富翁

我相信看了这些似乎有些不着边际的项目之后,很多人会产生这样的想法——如果我有那么多钱,这种奇奇怪怪的项目多少投一点钱进去也未尝不可。彼得确实已经是亿万富翁,完全实现了财务自由,投资可以更随性一些,然而投资风格的不同才是他与其他投资人最本质的差异。他能够看到一些在未来可能会给社会甚至是人类的生活带来改变的项目,并且用实际行动去支持它们。亿万富翁在全球也有不少,但像彼得这样疯狂的不多,更多的富翁还是想让自己的财富快速滚起来,哪怕是用慈善基金的方式,彼得的方式也显得另类许多。

天才在左,疯子在右

正如标题同名书中所说的那样,很多时候天才和疯子是不容易清晰界定的,也许只是他们的想法和作风与现在的社会环境不符,或许到了一定的阶段,大家会感受到这份未雨绸缪的恐怖的洞察力,也许真如彼得说的,除了像其他人一样去上大学以外,你还可以有别的选择。

你也许没有听说过马克·安德森(Mare Andreessen)这个人,但他曾在1994年与詹姆斯·克拉克共同建立项目 Netscape(网景),这个项目经历了辉煌、收购、解散,同时他所在的网景公司作为第一家尝试利用万维网的公司,在业界引领了互联网革命。

图 4.2　硅谷知名的光头投资人马克·安德森

相貌：一见难忘的投资人

马克·安德森生于 1971 年。接近 2 米的身材，顶着一个椭圆形的大光头。

经历：从创业者到投资人

20 年前，他创造了网景浏览器 Netscape，而正是这款浏览器引发了后来的互联网革命。他坚信互联网技术终将改变人们生活的方方面面，从支付、食物到虚拟现实。所以他分别投资了比特币、Soylent 和 Oculus VR。但他后来并没有参加 Netscape 成立 20 周年的庆祝活动，因为这其中有两件他所厌恶的事情：聚会、怀旧。

变化：马克·安德森 1.0、2.0、3.0

马克·安德森 1.0 版本是吉姆·克拉克（Jim Clark），以脾气暴躁著称。1999 年，安德森和霍洛维茨（Horowitz）创建了 Loudcloud——一个非常早期的云计算服务。Loudcloud 在 9 个月内就获得了 3700 万美元的销售合同。那时，安德森开始进化到 2.0 版本，体重减了 30 磅，开始穿 Ermenegildo Zegna（世界著名男装品牌）套装，把车从野马换成了奔驰，人变得更加圆滑、平易近人。最近的安德森是一个综合体，为人更加直率。

未来：预见者与马克·安德森

虽然安德森是 Facebook、惠普（HP）和易贝（eBay）的董事，他却并不想成为 A16Z 旗下自己投资项目的董事。他更希望把视野从自己的投资项目中解放出来，放到更宽广的领域里。他是未来的预见者，总是在思考在未来的 10 年、20 年、30 年会发生什么。他经常提起美国科幻小说家威廉姆·吉布森（William Gibson）的一句话："未来已经来临，只是尚未普及"。

对 Benchmark 的厌恶以及 A16Z 的起源

你可能没有听说过 A16Z，但你应该会听过 A16Z 所投资的那些著名项目：Soylent，Oculus VR，Skype，Facebook，Twitter，Airbnb。

A16Z 公司名字的由来，源于两位创始合伙人 Andreessen 和 Horowitz 名字的首字母和尾字母，而 A 和 Z 之间有 16 个字母。

每年，有超过 3000 家创业公司通过所谓的中间人介绍来到 A16Z，最终 A16Z

会投资其中的 15 家公司。而这 15 家当中,又有至少 10 家最终会倒闭,3~4 家会成功,有 1 家最终可能会成为估值超过 10 亿美元的独角兽公司。如果运气特别好的话,每 10 年就有这么一家独角兽公司会成为类似谷歌和 Facebook 这样最终为投资公司带来 1000 倍回报的项目。在美国,有 803 家风险投资机构,去年投资早期项目的资金量超过 480 亿美元。

Benchmark 与 A16Z 是两家风格完全不同的风险投资机构。

Benchmark 有一支 4 亿美元的基金,专门投资早期项目。A16Z 在 2012 年和 2014 年分别募集了两支 1.5 亿美元的资金,主要资金用于投资成长期的项目。安德森和霍洛维茨当年成立 Loudcloud 的时候,获得了 Benchmark 的投资。Benchmark 是一家只有 5 名合伙人的精品投行,没有固定的办公室,也没有专家提供投后服务。"我们的做法总是和 Benchmark 不同,"霍洛维茨提到,"A16Z 的整体设计就是要和 Benchmark 对着干。"

安德森曾说,"我们不是特蕾莎修女,我们要投资伟大的企业,那些希望影响世界的企业。"

A16Z 成立于 2009 年,当时的 VC 行业正由于经济衰退而处于冷冻期。A16Z 的投资策略听从了安迪·雷切莱夫(Andy Rachleff)的建议。每年有 15 家科技创业公司的年营收达到 10 亿美元,这 15 家公司的市值占了最终将会上市的所有公司市值的 98%,而 A16Z 要追逐的就是这 15 家公司。安德森说:"案源就是一切。"一位投资银行家曾说过:"我把 90% 的时间花在追逐排名前 8 的 VC 所投资的项目上,10% 的精力用在排名随后的 12 家 VC 的项目上,不会关心后面的 VC 们。"

安德森对追逐最顶尖项目的思考,和萨姆·阿尔特曼的想法一样。

如何建立新品牌

A16Z 刚成立时,并没有出彩的退出案例作为基金的背书。A16Z 把自己当作一个长期的成长平台,而不是一个短期的交易机构来看待。它把所投项目创始人当作基金合伙人平等对待,提供别家不屑提供的服务,帮助那些即使最终没有进行投资的项目,把 A16Z 打造成一个帮助创业者实现梦想的引擎。

安德森和霍洛维茨在招募基金一般合伙人时,只选择那些曾经是创业者,管理过公司的人。

保持快速学习

2009 年，A16Z 第一支基金的规模是 3 亿美元。这支基金投资了很多早期项目，同时花了 5000 万美元买了 Skype 3％的股份。两年之后，微软收购了 Skype，而 A16Z 获得了 4 倍的回报。

安德森认为当时大多数人都低估了互联网市场，所以在募集了第二支规模更大的基金之后，A16Z 以极高的价格分别投资了 Facebook 和 Twitter。当时其他 VC 认为 Skype 已经是知名企业而不是创业公司了，而 A16Z 投资 Facebook 和 Twitter 只是为了名气（把这些公司的 Logo 放到自己的公司墙上）。

伟大的创新都要跳出传统模式

那些投资过带来超过 1000 倍回报的投资人都知道，最伟大的创新都是跳出传统模式的。红杉基金的投资人道格拉斯・利蒂（Douglas Leone）说道，最伟大的创新总是出现在你打破你之前所有的心智模型时。

大部分 VC 的内部都是树形结构，每个合伙人只负责他熟悉的垂直领域和他所投资的项目，整个公司只有一少部分公共职能人员负责招聘和推广。

而 A16Z 引入了一种新的机制。A16Z 的每位一般合伙人的薪资只有市场上其他 VC 机构的 1/3。它用省下的资金招聘了 65 名各个垂直领域的专家，包括技术、市场、企业发展等。A16Z 维系了一份超过 2000 名企业家的名单，并且每年新增 2000 名新成立公司的创始人。对于 A16Z 所投资的早期项目来说，这份超级强大的人脉资源网络，能快速地帮助他们所投资的早期项目创始人在 5 年时间内迅速成长。

A16Z 有一个由 14 人组成的交易部门，能够帮助公司快速进入任何新兴领域。

A16Z 新的服务模型，给硅谷沙丘路上其他的 VC 也带来了变化。即使如老牌 VC 红杉，也新招了 1 名专职公关人员和 2 名推广专员。

A16Z 的核心价值

A16Z 的核心价值在于，能够缩短一般初创企业成功所花费的时间。

机器能否取代投资人做交易决策？目前还不能。风险投资最终是一门有关人的生意。如果把行业领域放在一边,只关注人的话,我们要做的只是找到 23 岁时的马克·扎克伯格、比尔·盖茨和史蒂夫·乔布斯,并且投资他们。

雷军以及罗恩·康韦都说过,投资就是投人。

A16Z 的投资策略

安德森和霍洛维茨清楚地知道,A16Z 是个新品牌,要建立品牌影响力以获取最高质量的案源,是很花时间的。所以,与其和其他知名的 VC 争抢 A 轮融资的项目案源,不如把眼光放得更早一点,投资 80 个种子轮阶段的项目,然后再挑选其中的 12 个进行 A 轮投资。目前国内大部分的 VC 甚至 PE 都越来越关注早期项目,特别是种子轮和天使轮的项目,这是一种趋势。

2C 还是 2B,这是一个问题

A16Z 面对 2C 和 2B 的项目,采取完全不同的投资态度。面对企业级消费者的项目,A16Z 投得非常早。面对终端消费者的项目,A16Z 投得稍晚一些。A16Z 错过了 Oculus VR 的 A 轮投资,在 B 轮跟进投资时付出了更高的成本,在内部他们总结这件事情时认为是用更高的资金成本购买了更高的确定性。

挤入硅谷风险投资前三名

在成立仅 6 年之后,A16Z 已稳居硅谷风险投资公司前三名。A16Z 的第一只基金,已带来两倍的回报,手上还有一些有影响力且未实现价值的公司(如 Okta 和 Slack),基金的内部收益率(Internal Rate of Return, IRR)高达 50%(在 2009 年同期募集的所有基金中排名靠前,红杉的 IRR 是 69%)。

A16Z 的第二只基金投资的项目包括 Pinterest 和 Airbnb。第三只基金投资的项目有 Zenefits,GitHub 和 Mixpanel。这些投资在账面回报和实际收益上都有很好的表现。

人工智能取代风险投资

安德森曾写过一篇著名的文章《软件吞噬世界》。那么像 A16Z 所从事的 VC 行业,是否本身也在被吞噬的清单上?投资人在硅谷可以通过 AngelList 平台在线上投资项目。Atlas Venture 的投资人杰夫·法格南(Jeff Fagnan)说道:"软件已经在挤压很多所谓的中间人的生意,比如旅游中介、金融中介,VC 行业某种意义上也是中介，最终也将被改变。"

从现在预测未来

安德森习惯于以现在的情况去预测未来的发展。在 1999—2000 年那 18 家估值超过 10 亿美元的独角兽公司中，目前 11 家已经申请破产或等待低价被收购，包括 @Home，Etoys 和 Webvan，其中 Zulily 和 Fab 是 A16Z 投资的。

YC 的现任总裁萨姆·阿尔特曼，在最早期投资了 Stripe，带来了超过 2000 倍的回报。他说道："我在 2010—2011 年所有的投资中，有 97% 的回报都仅仅来自一个项目。而这个项目在当时是很容易被我自己忽略的。"

在谈到投资的关键点时，安德森提到，要保持激进，同时对抗天生的模式识别。

弗里曼·戴森：这个时代最伟大的头脑之一

在前面介绍的一些牛人中，彼得·蒂尔、马克·安德森和尤里·米尔纳属于投资人。拉里·佩奇、伊隆·马斯克和马克·扎克伯格属于企业家。还有一类人我们并没有提及，那就是科学家。现在的企业家和投资人，有很大一部分也是从科学家圈子里转化过来的。

图 4.3　弗里曼·戴森

这里想介绍科学家圈子中的一位厉害的人物——弗里曼·戴森(Freeman Dyson),他生于1923年,是美籍英裔数学物理学家,现普林斯顿高等研究院教授。投资人在应用层面,应对不断变化的世界和消费者的需求,能够做出最准确的投资判断。如弗里曼·戴森一样的科学家,则在大部分投资人可能看不到的底层领域,做出了不可替代的卓越贡献。

在早年研究量子电动力学时,他曾与诺贝尔物理学奖擦肩而过。你可能没听说过他,但这些人你应该听说过:

• 哈代,英国数学家,英国王家学会成员,对分析学和数论有深刻的影响。 著有随笔《一个数学家的辩白》。

• 费曼,理论物理学家,参与曼哈顿计划,量子电动力学专家,被誉为"纳米技术之父"。 师从冯·诺依曼,受他影响的人有大名鼎鼎的微软创始人比尔·盖茨,谷歌创始人谢尔盖·布林。

• 奥本海默,理论物理学家,参与曼哈顿计划,被誉为"原子弹之父"。

为什么说戴森是这个时代最伟大的头脑之一? 因为:在理论层面他有研究基础;在应用层面也有研究成果;在大众传播领域,他还影响着一大批人。

强大的跨界能力

对于每个时代的伟大头脑,你都很难给他们下一个单一的定论,或者贴上唯一的标签。强大的跨界(跨领域)的能力是他们的共同特征。

• 跨地域:戴森早年在英国剑桥大学求学,二战之后来到了美国康奈尔大学继续学习和授课。

• 跨学科:在基础学科领域,他涉足了数学、粒子物理、固态物理、核子工程、生命科学、天文学领域。

• 跨行业:除了从事深度的理论研究,戴森还著有许多普及型读物,甚至还协助核武器外交政策方面的工作。

理论研究贡献

讲完跨学科的研究能力,再谈一下戴森的研究成果。

• 自旋波:论文发表于1956年,堪称物理学史上的重量级论文之一。

• 戴森球：在无数的科幻作品和游戏中被提及。

戴森球是一种设想中的巨型人造结构。这样一个"球体"是由环绕太阳的卫星所构成，完全包围恒星并且获得其绝大多数或全部的能量输出。戴森认为这样的结构是在宇宙中长期存在并且能源需求不断上升的文明的逻辑必然，并且他建议搜寻这样的人造天体结构，以便找到外星超级文明。即使没听过戴森球，但看过《星球大战》系列的人一定对死星（Death Star）印象深刻，死星就有些像一颗戴森球。

此外，戴森一生获得许多殊荣：伦敦皇家学会休斯奖（Hughes Medal）、德国物理学会普朗克奖（Max Planck Medal）、欧本海默纪念奖、以色列海法理工学院的哈维奖（Harvey Prize）等。

科普读物

很多人对戴森的了解，都是源自一本书《反叛的科学家》。实际上，戴森出版过多本普及性的读物，内容涉及数学、物理学、人物传记、哲学等。

《反叛的科学家》讲述了科学家在工作中的故事，从牛顿专注于物理学、炼金术、神学和政治，到卢瑟福发现原子结构，再到爱因斯坦固执地反对黑洞观念……戴森还以切身经历回忆了他的老师和朋友特勒与费曼等聪明绝顶的科学家。

《一面多彩的镜子：论生命在宇宙中的地位》是一本关于生物技术、生命在宇宙中的命运以及生物学与宗教交集的文章合集。

《宇宙波澜——科技与人类前途的自省》一书是戴森从事科学工作50年以来的回忆录。书中记述了许多著名科学家如欧本海默、费曼、泰勒等人的风范与成就，原子炉、生命科技以及太空探索的研究历程与争议，同时对科技发展与人类前途有深刻的省思。

《全方位的无限：生命为什么如此复杂》一书的第一部分讨论了"生命为什么如此复杂"，第二部分讨论了"核子冬天到又见蝴蝶"。

《想象中的世界》一书，通过文学以及科幻小说的形式，点出明日科学的命运，预测未来科技的邪恶与美好。本书探讨了多样的生命，并进一步深思人类、科技与道德之间的互动。

《太阳、基因组与互联网:科学革命的工具》:太阳、基因组与互联网是我们已经进入的新时代中社会发展的驱动力。戴森强调技术是科学的工具,随科学的变化而演进。科学技术人员不应故步自封,而应重视实践,勇于实践,才能使太阳能技术,遗传工程和通信技术得到发展。

以上 6 本书都有中译本,都可以找到。还有一些戴森的著作暂时还没有被引进国内,只有英文原版如 *Origins of Life*,*Weapons and Hope*,*Dreams of Earth and Sky* 等。

2013 年,美国作家 Phillip F. Schewe 出版了一本戴森的人物传记——《特立独行的天才》。

这个时代最伟大的头脑

戴森作为这个时代最伟大的头脑之一,在理论研究层面,横跨多个学科;在成果贡献层面,其论文被多次引用,与诺贝尔物理学奖擦肩而过;在大众应用层面,出版了多本科普读物。这样的人,你真的很难给他贴一个标签。

最后用戴森的原话结束本节:

> 技术是上帝的恩赐,他(是的,他)或许是生命之外上帝对我们的最大恩赐,他是文明、艺术和科学之母。

新品牌的孵化器都在做播客

以 YC 为代表的投资机构，进入全媒体品牌推广时代

传统的投资机构进行品牌推广的目的主要是募资，做法是增加在各种大赛和论坛活动中的曝光量，或者和公关公司合作。公司品牌优先，个人品牌其次。而一些新成立的基金，却在不断招募更多的公关专员、开发专员和科学家。①

对于传统的风投和投行，我们可能叫得出机构品牌的名字，但很难叫出内部具体合伙人的名字。而如今，越来越多风投机构的合伙人从幕后走到台前，参加各类活动，接受电视/电台的采访，增加自己的曝光率，从而增加自己基金的曝光率。

接下来我们以 YC 为例，看下这家每期项目招募都能收到 5000 个以上项目申请的投资机构，是如何利用全媒体做自身品牌推广的。

渠道主要分三类：(1)原创内容主导的线上渠道：博客、书籍、播客；(2)自有品牌主导的线下活动；(3)自己开发运营互联网产品。YC 在线上各渠道传播的内容，大部分都是自己原创的。其承载内容的形式有：文字（博客/书籍）、音频（播客）。以前文的 YC 孵化器为例，其充分利用了全部载体（文字、音频、视频、活动）推广机构品牌，全媒体品牌推广的时代已经到来。

---

① 2016 年，斯坦福人工智能实验室和计算机视觉实验室负责人李飞飞教授正式宣布接受 A16Z 的邀请，成为 A16Z 在计算机科学领域的杰出访问教授。

新品牌的孵化器和 VC 都在做播客

表 4-1 是国内外在制作和推广原创内容和品牌的孵化器和 VC。

表 4-1　孵化器的推广情况

品牌	粉丝数	节目数	单集播放量(次)	峰值播放量(次)
A16Z	18.8K	268 集	30000	823K00
YC	3.26K	49 集	12000	25200
疯投圈	—	5 集	—	—
ONES Ventures	524	32 集	1000	70418
STORIES	1131	45 集	300	29106

A16Z：硅谷创投圈最高产、播放量最高的播客节目

A16Z 成立于 2010 年，由马克・安德森和本・霍洛维茨共同创立，位于硅谷沙丘路。成立短短几年，它已经跻身硅谷最顶尖的风投公司之一，投资案例包括：Skype，Facebook，Instagram，Twitter，Foursquare，Pinterest，Airbnb，Fab，Groupon 和 Zynga。

• 马克・安德森：Mosaic 浏览器，网景公司创始人，风险投资人

• 本・霍洛维茨：Opsware 创始人，作家，风险投资人

A16Z 从 2014 年开始制作原创品牌播客节目（就叫 A16Z），保持基本每 3 天更新一次的高频。

YC：与沃顿商学院合作播客节目

YC 做的品牌类播客节目 Startup School Radio，在著名的沃顿商学院旧金山分校的商学院电台录制。节目的嘉宾是 YC 投资项目的创始人，或 YC 的合伙人，内容涉及创业项目背后真实的故事以及有关创业、产品、增长或融资相关的建议，首播于 2015 年 5 月。

• 亚伦・哈里斯：主播，也是 YC 的合伙人之一，Tutorspree（2011 年 YC 孵化项目）联合创始人。

《疯投圈》:每期剖析一个行业新动向

《疯投圈》是一档为创业者、投资人、分析师以及任何对创业、投资有兴趣的人准备的播客节目,每期节目为听众深度解剖创投行业新动向。主要由昂若资本和丰瑞资本支持。

- Rio:主播,昂若资本合伙人,前知乎工程师
- 内容涉及:出口电商、SaaS、互联网金融、体育创业、网上家居。

《迟早更新》:有关科技创新、生活方式和未来商业

《迟早更新》是一档以科技创新、生活方式和未来商业为主要话题的播客节目,也是风险基金 ONES Ventures 内部关于热情、趣味和好奇心的音频记录。这档播客希望能让熟悉的事物变得新鲜,让新鲜的事物变得熟悉。

- 任宁:主播,ONES Ventures 合伙人,设计师,翻译计划负责人
- 枪枪:主播,ONES Ventures 合伙人

《大可瞎聊》:一档没有名气的播客节目

《大可瞎聊》是一档关于科技、互联网和无所不在的知识趣味的播客节目。在其中,我们对早期创业项目、天使投资和孵化器进行一本正经的胡说八道。但除此之外,也会聊点别的。

- 梅老板:主播,STORIES 孵化器创始人,小村资本合伙人,本书作者
- 邵佳琪:主播,葱油科技首席运营,头条号作者,数码圈达人

以音频为载体的播客在品牌推广中的优势

首先,从载体上看,以微博为载体的文字内容存在深度不足的问题,但优势是传播面更广。以博客为载体的文字内容则相反,传播面比较窄但内容更有深度。为视频为载体的内容,可以添加更多的娱乐元素,更适合传播一些我们所谓的比较"湿"(信息量少)的内容。以音频为载体的播客,从制作的时间成本和财务成本上看,正好介于文字和视频中间,所以更加适合传播带有一定"湿度"的干货,既不会太无聊,也不会太难懂。

其次,从使用场景上看,技术类和创投类内容的消费群大都集中在一、二线城市。这些城市存在的一个很大问题是交通拥堵(人们每天在通勤上都花很多时

间）。而播客的崛起，和一线城市的交通逐渐拥堵呈正相关。上下班通勤的过程中（汽车和地铁），是收听播客非常好的时间。人们堵车的时间越多，收听播客的时间就越多。一副耳机、一个车载音箱，就可以帮助你隔离周围喧嚣的人群，进入另一个虚拟的环境空间。

最后，随着播客行业的二次崛起（第一次是苹果初发布 Podcast 应用），人们发现除了传统的占领眼球的生意（注意力经济）之外，占领耳朵也慢慢变成一门生意。随着硬件终端的普及，UGC（User Generated Content，用户原创内容）和PGC（Professional Generated Content，专业生产内容）内容的增多，用户接受程度逐渐升高，播客正在逐渐从边缘走向主流。

注意力经济：今时今日，注意力经济主要关注的问题是如何使消费者接受广告。传统媒体广告人遵循的模式是四部曲：关注，兴趣，渴望，行动。在劝导消费行为中，第一步的关注是最重要的。鉴于现今传播广告的成本很低，消费者接收到的信息远大于其所能吸收到的，消费者的关注度成了稀缺资源。

简单总结：(1)播客更适合传播带有一定"湿度"的"干货"；(2)人们收听播客的场景在逐渐增多；(3)播客正在变得主流。

播客对于 VC 和孵化器的实际意义

意义 1：机构前端品牌建设

播客内容是原创的自有内容，是机构拿来做品牌推广的最佳素材。举例来说，YC 通过播客不断曝光自家投资的项目，做广告帮助吸引下轮投资机构。

另外，如果主播同时也是机构的投资负责人，在节目过程中能够表达对细分领域的独特观点，也会让听众觉得这家机构对行业有自己的理解，从而给听众留下深刻、专业的印象。

从这层意义上说，播客对于投资机构来说，是为自家已投项目打的电台广告。

意义 2：项目后端跟踪服务

项目投资前，机构肯定对行业有整体的理解。但实际上，在项目投资后，项目和行业也在持续发生变化。除了定期对业务和财务进行跟踪之外，播客也是一种软性的项目跟踪方式。它可以帮助持续性地理解项目和行业，给出对应的帮助和服务。通过不定期播客的形式,交流项目和行业整体正在发生的变化、背后的原因、应对的方法以及未来的走向。

举例来说,A16Z 就有大量的内容是记录机构内部合伙人以及他们在参加活动过程中,对于行业的思考以及现场回答的问题。

从这层意义上说,播客对于投资机构来说,是为自家已投项目制作的音频纪录片。

我们应该如何操作?

那落实到具体的孵化器和 VC 应该如何应对的问题上,我们认为需要考虑的有三点:人员、时间、预算。

• 人员:内容团队、制作团队、推广团队。 VC 和孵化器的优势是人脉,可以邀请到行业里最优秀的人,所以不缺分享嘉宾。 而制作和推广部分,可以交给专业的团队去做。

• 时间:VC 的主业在投资,孵化器的主业在服务。 所以不要花太多的人和时间在播客上。

• 预算:量力而行。

简单来说,孵化器和 VC 的主业在服务和投资。对于播客这件事情,只要上游抓好嘉宾和内容输出,之后制作、传播和商业化的事情,可以交给专业的第三方团队去做,不要分散太多的精力。

播客更适合传播信息还是观点?

所有的一切,由一场争论开始。

某位友人在听了我们制作的播客节目《大可瞎聊》某期的内容之后,提了很多诚恳的建议,例如:部分内容太深奥,不是圈内人听不懂,建议增加一些通俗的介绍等。而双方争论的点在于,播客到底是应该传播信息还是观点?

问题一:什么是信息? 什么是观点?

在具体分析之前,我们先做一些设定。我们认为信息是客观的、即时性的一手信息。而观点,是主观的、长周期内容的二次消化。

问题二:国内外知名的线上线下媒体,哪些是在传播信息,哪些是在传播观点?

我们分别以线下的报纸和杂志及线上的科技媒体为例,做一个简单的分类。

线下的报纸,日报类的《新闻晨报》《华尔街日报》传播的更多是信息,而类似《经济观察报》的媒体传播的更多是观点。

线下的杂志,周刊类的《第一财经》《纽约客》传播的更多是信息,而月刊或双月刊类的杂志 *Lens* 等传播的更多是观点。

线上的科技媒体,如 36 氪、TechCrunch 等传播的更多是信息,而科技博客传播的更多是观点。

你会发现,由于日报、月刊和科技媒体等短周期内就需要完成信息的加工和处理,即这些媒体更关注即时性信息,所以传播的更多是信息。反之,由于观点是对内容的二次消化,生产和加工的周期更长,所以更适合周报、双月刊和科技博客来承载。从某种程度而言,媒体传播的具体是信息还是观点,和它们对原始信息的处理时间呈正比。深度的观点很难流水线化地快速生产。

问题三:播客更适合传播信息还是观点?

你可以简单地把信息理解成湿货,观点理解成干货。我们一直重申,播客其实是介于干货和湿货之间,是有一定湿度的干货。

首先,你的播客节目到底是应该更多传播干货还是湿货,其实最终取决于你想做什么。我们的自制节目不是媒体,而是希望通过严肃聊天这类形式产生有意思的新想法。

其次,我们手里有什么资源(时间、财务、人力),决定了我们如何选择。特别是时间,我们没办法花很多时间做素材准备。所以,脱口秀便成了我们节目的主要形式。

最后,你只能在理想(精品节目)以及手头资源(时间局限)之间做一个综合性的选择。

简单来说,我们觉得播客是一种很有意思的新媒介。播客是一种工具,能帮助我们找到有意思的人,和他们放松地聊天,并且把深度的想法沉淀下来。

从深度用户到制作人

《大可瞎聊》是 STORIES 孵化器深度参与的一档新品牌的播客节目。

《那些在 YC 2016 Winter Batch 上好玩的项目》是《大可瞎聊》的第 1 期节目，于 2016 年 4 月 11 日上线。这期节目里，我们聊了硅谷最知名的创业孵化器 YC 的 2016 年冬季的一些有趣项目，例如：Msg. ai 聊天机器人、Boom 超音速喷气式客机等。

《大可瞎聊》的主播是我和佳琪——播客节目的深度用户。大约从两年前开始，我们就通过各大平台订阅和收听不同的播客节目，大部分是国内的，少部分是国外的。在《穿过你的钱包的我的脑》这期节目中，我们还邀请了友台《迟早更新》的主播任宁，一起聊了聊各自听的播客内容，特别是付费节目。

为什么我们会从播客的深度用户，转身变成制作人和主播，开始做自己品牌的播客节目？我们对《大可瞎聊》的定位是希望做成一档"严肃聊天"的播客节目，希望通过严肃聊天这种形式产生新的有意思的想法。

• 严肃：我们并不想做成几个人无主题的瞎扯。 "大可瞎聊"可能涉及的领域范围会比较广，但每期节目我们仍会有一个明确的主题和清晰的提纲。

• 聊天：人们一般主动地消费文字内容，被动地消费视频内容。 而对于音频内容的消费，则是介于两者之间的半选择性消费。 我们不会单方面的输出理念，而更倾向于轻松地聊天。

1 个品牌，3 档节目

我们在《梅话可讲》第二期"《大可瞎聊》是一档怎么样的播客节目?"中有介绍，《大可瞎聊》品牌旗下共有四档节目：

• 《大可瞎聊》：多人节目，是一档关于科技、互联网和无所不在的知识趣味播客节目。

• 《梅话可讲》：双人脱口秀节目，聊聊我们的人生观、世界观、价值观。

• 《自说自话》：单人节目，由《大可瞎聊》主播针对某一个话题进行深入探讨。

• 《生来不同》：单人节目，天才在左疯子在右，这个节目在探访那些试图改变世界的创新力量。

除了音频的播客节目之外,《大可瞎聊》还配有不定期的原创博客文章,在"简书"和"知乎"上都有专题。

没钱也要做 logo

一档由两个爱好者利用自己业余时间做起来的播客节目,并没有特别多的资金支持,但我们对品牌和 logo 还是有一些要求的。图 4.4 是我们第一版的 logo。

图 4.4　《大可瞎聊》第一版 logo

最新一版针对三档节目不同的 logo 见图 4.5。

图 4.5　三档节目最新 logo

9 个月,45 集节目

从 2016 年 4 月开播至今,我们一共制作并发布了 45 集节目。

在《梅话可讲》里,很多话题与电影、美剧和书籍有关。比如在第 6 集中,我们聊了一部我个人很喜欢的电影《一个叫欧维的男人决定去死》。在第 13 集中，我们聊了很火的一部韩国灾难片《釜山行》。在第 23 集中，我们有机会聊了一下今年我最喜欢的作者，科学家圈中最伟大的头脑——弗里曼·戴森。

在《自说自话》里，话题很多和科技圈最新发生的活动有关。第 7 集，我们聊了淘宝造物节；第 3 集，我们聊了小米笔记本发布会。当然，每年都少不了的热门 ChinaJoy，我们在第 4 集也有聊到。

在《大可瞎聊》里，我们邀请了来自不同领域有意思、有想法的人一起聊天。在第 6 集中，我们和 iMusical 创始人赵大伟交流在中国策划音乐剧是一种怎样的体验。在第 10 集中，我们和 ONES Ventures 基金的创始人任宁一起聊了对于付费内容的看法。另外，还有两期对话顶级投资人系列，嘉宾分别是戈壁投资合伙人徐晨和十维资本合伙人张军。

原创和翻译

抛开内容，针对播客这件事，我们还做了一些翻译和原创的事情。

虽然从事播客制作的时间不长，但在整个过程中我们积累了很多一手的经验，也踩了不少的"坑"，有一些自己的想法。在《梅话可讲》在第 12 集中，我们聊了播客的未来；在第 25 集中，我们聊了播客更适合传播信息还是观点；在第 27 集中，我们把 90 年代的微笑曲线理论套用在了播客领域。我们还写了原创文章，发表了对新品牌的孵化器和 VC 都在做播客的看法。

此外，我们正在翻译一本播客领域的工具书 *Podcasting Pro Basics：A Beginner's Guide to Producing，Editing，and Publishing a Podcast*。本书介绍了播客从设备/软件选型、前期准备、剪辑到发布的整个过程。

2017 年继续《大可瞎聊》

打造一个新品牌的播客，自己掌握从策划、邀请、录制、剪辑到发布整个过程，还是一个很有意思的体验。2017 年我们会继续播客节目的制作，但会有一些小的改版和升级：

• 重点：《大可瞎聊》会是 2017 年品牌的重点节目，我们会邀请圈里有意思的人一起聊有意思的话题。

- 频率:《大可瞎聊》在 2017 年会每周更新,《梅话可讲》和《自说自话》会双周更新一次。
- 博客:每期的《大可瞎聊》会配一篇原创的博客文章(不是播客的文字版)。
- 翻译:2017 年上半年会完成对 *Podcasting Pro Basics* 一书的翻译和出版。
- 社区:继续举办上海地区独立播客品牌主播的不定期聚会。

硅谷著名的早期投资机构 YC 的创始人保罗·格雷厄姆,曾经提到他对于写作的看法:

"写作不是为了记录想法,写作是为了产生想法。"

我们做《大可瞎聊》节目的目的也是一样。不是为了单向传播我们已经得出的结论,而是希望通过严肃聊天这种形式产生新的有意思的想法。

希望你们喜欢。

早期创业项目应该如何判断与投资

你有没有发现，在很多的书和电影中，都喜欢套用这样的结构来取名字——《×、×和×》，如保罗·格雷厄姆的书《黑客与漫画家》，托马斯·阿尔弗莱德森的电影《锅匠，裁缝，士兵，间谍》。

在之前的文章中有提到，投资人在项目早期像艺术家，项目中期像生意人，项目晚期像银行家。那如果把同样的模式套用在创业者身上呢？我们的结论是：他们分别像是水管工、哲学家和疯子。

图 4.6　创业者的早期、中期、后期

作为一名创业者，在早期，你要像一名水管工那样，有解决实际问题的能力。一旦公司发生任何状况，特别是关键员工因为任何原因不能完成工作时，你需要能挽起袖子顶上任何职位，确保公司保持正常运转，不掉链子。在早期，没有品牌、没有资金、没有架构，创始人的基因在很大程度上决定了公司的成败。这种情况下，

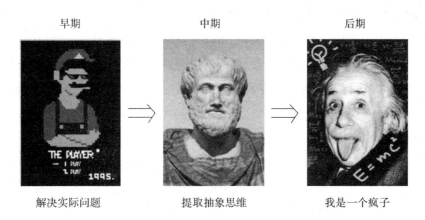

早期　　　　　　　　中期　　　　　　　　后期

解决实际问题　　　　　　提取抽象思维　　　　　　我是一个疯子

图 4.7　项目不同阶段的创业者形象

你需要成为一个全能型的选手,实际动手能力比抽象思维能力更加重要。

在中期,你要成为一名哲学家,有提取抽象思维的能力。在经历了水管工的阶段后,随着公司业务的发展和员工人数的不断增多,你会发现自己已经无法对每件事情亲力亲为了,你甚至都无法叫出每个员工的名字(当公司规模超过 150 人以后)。很多人把这个阶段叫作公司架构的建设过程或者企业高管领导力的培养阶段。但是我觉得,这是一种抽象思维能力的锻炼,就像哲学家一样,对这个世界的理解,是跳脱开繁杂的世界,抽象出一手经历中的经验。好比在战场上,你不再是冲杀在前线的战士,而是司令部里调度军队的将军。

但整体上,在后期,你看上去会像一个疯子。我们看现在这个时代,那些众人皆知的公司创始人,过去的比尔·盖茨和史蒂夫·乔布斯,现在的伊隆·马斯克和理查德·布兰森。他们的很多理论和行为,在当时的大多数人看来,都是不可理解的。

在 20 世纪 70 年代,还在哈佛大学读书的比尔·盖茨与伙伴保罗·艾伦一起为 Altair 8800 电脑设计 Altair BASIC 解译器。随后他们辍学,一手创办了世界上最成功的企业之一——微软公司,并逐渐将软件产业化。

1984 年,年轻而又叛逆的乔布斯在 IBM 总部大楼下对着 IBM 的 logo 竖起了中指,图 3.5 中的照片是由 Mac 早期研发团队成员安迪·赫茨菲尔德(Andy

Hertzfeld)发布到网上,才使之重见天日的。

随后就是苹果非常有名的 1984 年的攻击性广告:这是苹果 1984 年在"超级碗"(美国橄榄球联盟的年度冠军赛)期间播出的一则经典的商业广告,广告将蓝色巨人(Big Blue,即 IBM)描述成乔治·奥威尔(George Orwell)小说中的"老大哥"(Big Brother)。乔布斯个人很喜欢这则广告,但苹果董事会不喜欢,他们不希望与 IBM 结仇。

成功创立 X.com 的伊隆·马斯克,与大名鼎鼎的 Paylpal 合并,随后在 2002 年被 eBay 以 15 亿美元的价格收购。后来,马斯克并没有退休,而是几乎把所有的现金投入进新建的火箭公司 Space X。

理查德·布兰森(Richard Branson)虽置身于名流社会,却留着一头披肩长发,终日一副休闲打扮,玩世不恭。这一切使他更像摇滚明星,而不是一个商业世界"穿着西装的绅士"。这样一位"嬉皮士资本家",一手创建了"维珍"(Virgin)品牌,并让这个品牌在英国深入人心。在布兰森的自传《失去处女之身》(*Losing My Virginity*)中提到,取名 Virgin 是因为这个名字比较性感,易让人产生联想且过目不忘。其次,维珍不只是一个品牌名称,它更意味着一种生活态度:自由自在的生活方式、叛逆、开放、崇尚自由以及极度珍贵的浪漫。

跳出创业这个狭小的领域,我们再看过去那些伟大的战争狂人(狂人希特勒)、国家首相(英国首相丘吉尔)和宗教领袖(圣雄甘地),他们的很多表现也同样像疯子一般。

从水管工、哲学家到疯子,是项目创始人所经历的成长在不同阶段不同特性下的外向表现。

投资人为什么也是手艺人?

乍一听,"投资人"是一个"很性感"的称呼,而"手艺人"是一个"很文艺"的名词,两者之间并没有什么直接的联系。接下去,我们尝试去解释:投资人为什么也是某种意义上的手艺人?

喜欢一项事业,专注并且坚持一万小时,你就可以成为这个领域的专家,这是网络上流行的"一万小时定律"。在大多数的行业中,只要足够用心都可以成为匠人,不同的只是行业——是成为修表匠、泥瓦匠、皮具匠还是花匠。

手艺人的能力是,利用之前足够长的时间投入和经验积累,在短时间内高效率地完成一般人无法完成的高质量作品或者服务。

所以如果说手艺人交付的是可以摸得到的产品或高质量服务,那么优秀投资人能够通过短时间面对面的交流,判断出这个项目是否有发展潜力,创始人是否真有足够的能力领导这家创业公司,最终判断出自己的投资公司是否应该投资这个项目。

优秀投资人(手艺人)和普通投资人的区别在哪儿?

时间差别:优秀的投资人能够在很短时间内做出判断:项目是否优秀? 创始人能力如何? 是否应该投资? 应该投多少钱?

眼光差别:优秀的投资人能够发现那些表面看起来并不显眼的公司,能够从一堆初期看起来很糟糕的创意中,发现那些将来可能逐渐转变成绝佳创业机会的项目。

赌注差别:由于优秀的投资人有足够强大的判断能力作为基础,才敢于下高于普通人的赌注。A16Z 的单笔投资金额往往高出其他 VC 许多,就是一个很好的例子。

如何成为一名优秀的投资人(手艺人)?

与匠人一样,成为一名优秀的投资人需要不断地训练。这里的训练是指:前期的项目研究、中期的项目交流、后期的项目服务。这三块内容都需要投入大量的时间。

以中期的项目交流为例,投资人交流的项目数量越多,越能够总结判断出好的项目和创始人应该具备怎样的知识结构和气场。这个过程中,创业项目是"素材",交流过程是"训练",数量越多意味着"强度越高"。当整个大脑的肌肉训练达到一定强度之后,投资人对于好项目的判断准确率就会大幅提高。这反过来也解释了,为什么我们看到在市场上,有大量投资人"跑会",在咖啡馆约见项目。

如果已经有足够的技术、经历和人脉的积累,那这些东西都会转化为投资人的知识鸿沟(knowledge gap)。在与项目交流的过程中,以这条鸿沟去测试对面的项目。优秀的创业者必须要越过这条"鸿沟",证明自己比坐在对面的投资人更懂得自己正在做的事情和领域。而最终投资人青睐的项目,就是那些能够越过这条知识鸿沟的项目。

在面对投资人时,不要糊弄他们,在面对面的交流和观察中,看着你的表情,他们很快就能看出你的底牌,虽然可能不会说穿。优秀的投资人和优秀的手艺人一样经验丰富,所以记住:不要糊弄他们。

投资人与多巴胺分泌

大部分创业者的长假都用于加班、看书、胡思乱想、写字。

而每到节假日,身边的朋友纷纷出去旅游,并在微信朋友圈晒出照片,让我从长假想到朋友圈、反射性理论和多巴胺。这几个词之间,乍看之下好像完全没有关系,实则不然。

有关旅游

人们为什么喜欢旅游?某种意义上说,旅游是短暂的移情(城)别恋。在一座城市待久了,对它越来越熟悉,但也逐渐产生了疲倦感,失去了对这座城市的好奇心。

怎么解决?走出去。

短暂离开熟悉的环境和熟悉的朋友,去到另一个国家、另一座城市,遇见陌生的城市,新鲜的朋友。不能待太久,否则容易再次产生疲倦感,虽然日久容易生情。

有关反射性理论

反射性理论最早由威廉·托马斯(William Thomas)在 20 世纪 20 年代提出,但真正将反射性理论推向高潮的却是乔治·索罗斯(George Soros)。是的,就是那位创立了量子基金的"金融大鳄"。他认为,反射性(reflexivity)的哲学理念是他投资制胜的思想基础。

反射理论指的是投资者与金融市场的互动关系,投资者根据自己获得的信息和对市场的认知形成对市场的预期,并付诸投资行动,这种行动改变了市场原有发展方向,反射出一种新的市场形态,从而形成新的讯息,让投资者产生新的投资信念,并继续改变金融市场的走向。

生活中,真实的我与朋友圈的"我",也符合反射性理论。真实的我,旅游拍照发朋友圈,维护朋友圈的"我"。朋友圈的"我",会不断收到身边人的反馈——来自评论,来自点赞。这些评论和点赞有反射性,鼓励和影响真实的我,继续努力维护朋友圈的"我"。反射性在这里体现的是真实的我与朋友圈的"我"不断互动、不断循环的过程。

有关朋友圈

朋友圈不是你真实的样子,朋友圈是你希望自己成为的样子。

长假与朋友圈之间有什么关系? 长假给人们一个机会,让他们可以活成自己在朋友圈中的样子。

人们花了很多钱、很多时间做了很多前期准备,飞到另外一座城市,却只花很少的时间,用自己的眼睛观察这座城市,与生活在这座城市的人交流,去感受他们的生活。大多的时间用来选景点、拍照片、选照片、修照片,集齐九张照片,上传朋友圈。

我们在朋友圈中的表现,从某种意义上说,是一种"自我养成"。别人所认为的"我",是他们在朋友圈上看到的"我"。我必须利用长假,继续维护朋友圈中"我"的形象。所以我必须走出去,去高山,去海边,拍美美的照片,花时间修图,上传朋友圈,维护朋友圈上的那个"我"的形象。什么是自我养成? 就是真实的我去养成朋友圈的"我"。

有关多巴胺

某种意义上,人的一生,是被多巴胺驱动的一生。

多巴胺是一种脑内分泌物,属于神经递质,负责传递快乐、兴奋的情绪。在婴幼儿时期大脑发育完全之后,我们的大部分行动,都和追逐多巴胺分泌脱不开关系。

• 人们跑步。 跑步达到一定的距离之后,大脑开始分泌多巴胺。

• 人们创业。 不受束缚自由自在地疯狂工作,会刺激多巴胺分泌。

- 人们投资。 高风险、高收益的思考和交易行为，会刺激多巴胺分泌。
- 人们看电影、听演唱会。 视听神经持续地受到刺激，会增加多巴胺分泌。
- 人们吸烟，因为会增加多巴胺的分泌。

当人们谈到理想对象的标准时，经常提到的一个词："感觉"，这不就是多巴胺分泌的产物吗？为什么这么多人，在明知风险如此之高的前提下，仍然挤破脑袋要加入创业或投资大军，这和创业或投资过程中产生的多巴胺分泌，也有脱不开的关系。

写好商业计划书就会有人投资吗？

一份90分的商业计划书（BP）对几乎所有项目来说都是不可或缺的，而做到95分甚至更高则要花费相当大的精力，对于创业者来说，把这部分时间用在自己的产品上可能会更有效。

机构投资创业项目，对于客观指标更为关注。在项目中期从后往前看，这些指标包括：

- 财务指标：利润、营收等。
- 产品指标：总用户数、活跃用户、登录时长等。
- 团队成员：创始人、团队成员等。

在项目后期，较为重要的三项指标为财务、产品、团队；在项目中期，可能只能看到两项指标——产品、团队；在项目早期，没有财务数据和产品数据，就只能看一项指标，即团队。而怎么了解这些信息呢？就是通过所谓的商业计划书。

从整体比例上来说，只有相当小的一部分项目是只靠商业计划书就能拿到投资的。而且即使是这样，我们看到的也只是表面。真正帮助这类企业拿到投资的，往往并不是因为他的商业计划书写得有多好，而是这个项目的创始人非常优秀。大家愿意相信优秀的创始人能够做出优秀的项目，所以投资他。

综上所述，创始人团队是本质，商业计划书只是表象。

不是在看项目，就是在看项目的路上

许多风险投资机构的办公室集中在大城市的市中心，比如在上海，很多风投公

司都在陆家嘴或新天地。如果去拜访,会发现在很多机构的办公室内,总显得有些冷清。除了前台、零星的几个分析师和偶尔可能看见的老大(合伙人)之外,大多数的座位上都是空空荡荡的。

风险投资机构的中间层包括分析师、投资经理、投资总监、VP等。从职能来看,前端做案源搜集,中端做尽职调查,后端做投后服务。从人数来看,案源搜集占了大头。不管是前、中、后任何一端的工作,大多都在客户公司或者市中心咖啡馆内完成。大多时候工作人员不是在看项目,就是在去看项目的路上。抽象出来看,VC从业人员的生存状态,和很多大型咨询机构从业者很像。

项目交流的场地,一般为办公室、孵化器和公共空间。

这里先撇去在项目办公室或者联合办公场地或孵化器内与项目进行交流。这些场地内都会配有独立、安静的会议室。公共空间一般指连锁咖啡馆、独立品牌咖啡馆、酒店大堂吧、茶馆、甜品店等。发生在公共空间的交流,一般都在前端的案源搜集的阶段,机构与企业就项目内容进行初步交流。而对于公共空间的选择,一般有三个要求:交通、安静、环境。

- 交通:公共交通便利。 例如主要商圈,地铁口或其他停车方便的地方。
- 安静:核心是项目交流,所以场地安静是重要的条件。
- 环境:感觉舒服就好。 太高端可能会让人感觉拘束。

就我个人而言,项目交流大多集中在上海的4个地点:静安寺、陆家嘴、五角场和新天地。

静安寺:我喜欢约在地铁站6号口出站嘉里中心一楼沿街的Wagas Limited。地铁口出站就是静安嘉里中心,即使下雨也方便。店内面积不大,饮品不错,如果没有吃饭,也有主食供应。

陆家嘴:推荐苹果商店旁边的咖啡馆。从陆家嘴地铁站出来要走一些路,不过全在地下,不受天气影响。店内面积比较大,一般情况下人也不会很多。这里之前曾经举办过一些技术沙龙活动,比较安静,适合交流。

五角场:推荐大学路上的Wagas。位置沿街,面积较大,室内室外都有座位。大学路上聚集了很多互联网创业公司,一天可以交流多个项目,遇见熟人的概率也很大。

新天地:推荐 K11 商场地下二层的 Seesaw Coffee。地铁站下来直通 K11 的入口即是该咖啡馆,非工作日或者晚上一般顾客不多。场地干净,还设有 6 人桌,方便多人开会。店内咖啡很讲究,冰滴、手冲、虹吸都有,任君选择。

是投资人找你,而不是你找投资人

"我怎么才能接触到某家机构的创始合伙人,和他聊一下呢?"

这是一个大家比较关注的问题,在一些人的认知结构里,创业就是有个想法找几个伙伴去做,当上了 CEO 然后去拉投资,接着上市,迎娶白富美,走向人生巅峰。

换位思考下,投资人给你钱换来股份,是为了今后的回报,如果一家公司足够牛,产品足够好,商业化也够成功,完全可以自己上市,这种情况下一般投资人抓着钱挤破头都投不进。所以融资是一个双向选择,对于一些创业公司很重要,但对于投资人来说,找到好的项目也同样重要。

因此不用特别主动去找投资人。作为投资方人员,找到并发现优秀的项目,本身就是我们应该做的事情。

创业者要做的事情,就是做好自己的产品和服务。

和我们创业做产品一样,你推广获得新用户,能不能留住他们是关键问题。你可能通过参加各种线上线下的活动,或通过身边朋友引荐等各种手段、渠道、方法,好不容易见到了投资人,到底能不能打动他并且让他投资你?最后的最后,看的还是你的产品和团队。

所以,尽可能将自己的事做到最好就够了。你要相信,你若盛开,清风自来。

狙击枪与霰弹枪

去年市场上有一场与风险投资机构有关的争论:狙击枪与霰弹枪。

有的机构像是霰弹枪,每年投资非常多数量的项目,但其中失败项目的数量也非常多。投资人希望在其中能够有 1～2 个独角兽项目出现。霰弹枪的另一种说法,叫作概率投,即希望在以一个大数量作为基础的前提下,网罗住优秀的项目。而有些机构则像是狙击枪,每年投资的项目数量非常有限,但对所投资的项目会倾注更多的心血,提高每个项目的成功率。

图 4.7 狙击枪 vs 霰弹枪

　　无论是狙击枪还是霰弹枪,都只是方法,最终的目标都是要发现并且成功投资最优秀的项目。两者的差异,只是在对于早期潜在优秀的项目判断上。有的机构在面对可能有潜力,但是现在还看不清楚的项目时,选择等待一下,等情况更加明朗之后,再下大的赌注。而另一些机构则选择尽快行动,先下一个小的赌注,占一个坑,等到其中的小部分项目出现快速发展的势头时,再追加大笔的投资。

　　而再深一层思考,其实两种做法在后面的步骤中,都是针对发展势头不错的项目进行大赌注的投资,差异只是在于前期。老品牌的投资机构,更多地选择狙击枪的做法;而新品牌投资机构,则会倾向于霰弹枪。因为老品牌机构在市场上已经有很广的知名度。它们有把握,最优秀的项目会通过各种渠道找到自己,所以可以采用守株待兔的态度,等到大鱼出现以后再出手。而新品牌机构经常会出现"唯恐错过"的心态,因为在市场上的知名度不高,会担心找不到最优秀的项目。它们大多采用主动出击的姿势,只要觉得项目未来有可能成为大鱼,就先出手。

　　这种差异造成在对待早期项目的态度上,老品牌采取先看看的态度,而新品牌则采取先出手的方式。

怎样才能投到最好的项目？

什么是模式识别？

模式识别是一种模式分类。它是用一组表示被研究对象特征的变量构成模式空间，按照物以类聚的观点分析给出的数据结构，划分出具有特定属性模式类的空间聚集区，并辨认每一模式的类别。

模式识别是识别出给定的事物和哪一个标本（模式）相同或相近。

什么是肌肉记忆？

人体的肌肉是具有记忆效应的，同一种动作重复多次之后，肌肉就会形成条件反射。

把肌肉记忆的概念运用到风险投资人身上，你会发现：你看项目的过程，就是对大脑"肌肉记忆"的训练。你看过越多的项目，意味着你的训练数据越多，就会逐渐锻炼出"模式识别"的能力，就能够更快地判断出好的创始人和项目。

跳出模式识别

我们看到好的一面是，你拥有的"模式识别"能力越强，则意味着你可以在越短的时间内判断出什么样的人和什么样的模式是行得通的。这可以帮助你筛选出好的（A类）项目。

但我们也要看到另外一面：最好的项目往往会跳脱出所有既有的模式。这些项目在发展的过程中会发生很大的变化，原来的"模式识别"的能力对最好的项目往往并不适用。只拥有"模式识别"并不能帮你判断出最好的（S类）项目。

- 好的项目是"投"出来的
- 最好的项目是"蒙"出来的

投资决策就是按下快门

孵化器与一般VC进行项目交流和评审的逻辑有很大不同。因为没有更多的客观财务数据作参考，所以孵化器会特别侧重团队和产品，主要是看创始人"团队"的背景是否有足够能力支撑他们做出一款能够解决用户问题的"产品"。

图4.8解释了孵化器进行项目交流时的逻辑流程，从入口筛选、面试交流、试

探、引导、挑战到通过面试。下面对每一个关键的步骤做详细解释。

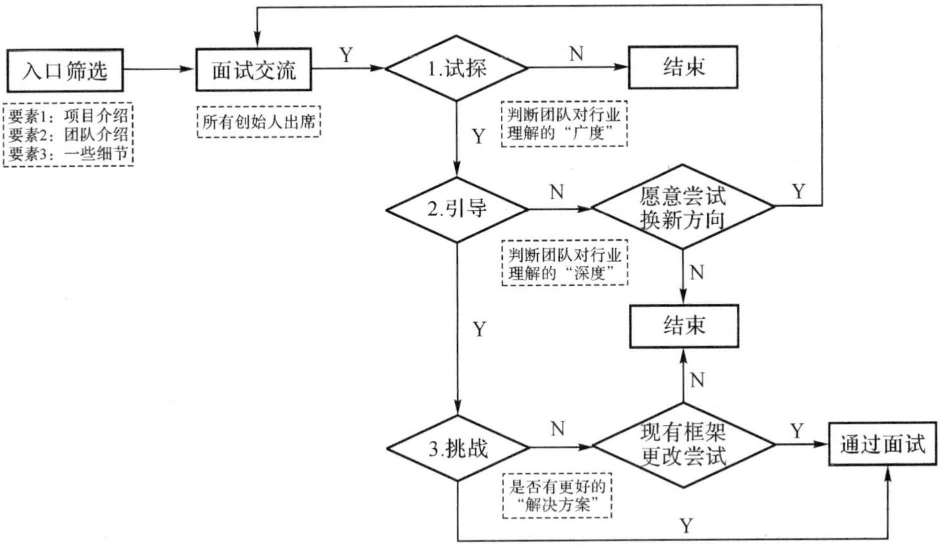

图 4.8　早期项目判断流程

前期准备:基础信息与开放性问题

线上案源都需要提交一份表单,一般设置的重要条目和目的如下:

首先是项目介绍,判断哪些项目的领域是孵化器不关注/不投资的,可以尽早排除。

其次是历史融资,判断哪些项目已经过了需要孵化器支持的阶段,可以推荐给其他基金。

最后是团队介绍,判断整个团队是否有能力支撑项目介绍中所提及的产品。本质上,项目是可以换方向的,而创始团队不能。

除了基础信息之外,我们还会设置一些开放性问题,目的是看创始人对自己所在的领域、产品、竞争对手理解的深度,以及他们对创业这件事情的理解深度。

报名筛选:项目/团队介绍与细节

在孵化器收到报名表单之后,需要根据内容信息筛选出有潜力的项目进行面试交流。而在报名资料中,我们更多关注:

项目领域:首先,看一下项目的大方向及领域与孵化器自身能提供的服务是否匹配。其次,根据项目介绍大致判断团队想要做的东西(网站、App、硬件或游戏)是否符合一般逻辑,排除一些明显不靠谱的项目。最后,留下的那些项目,只要符合以下两个条件中的一个就可以:(1)项目有意思;(2)团队有潜力。

项目介绍:一般好的项目介绍,文字长度通常都会比较适中。太短的话,可能本身就不太珍惜自己的项目,或者不太重视所申请的目标孵化器。太长的话,可能是本身对自己的项目理解还很模糊,没有办法解释清楚项目的大概情况。

团队成员:稍微平衡的团队比较好,至少要有两人以上,其中包含产品开发人员。不好的项目一般在人很少的情况下,就已经把什么 CEO,CFO,COO,CMO,CPO,CIO,CXO 等头衔都分得清清楚楚,其实没有太多的必要。还有一些比较一般的项目,在本身什么产品都没有的情况下,整个团队中连一名开发人员也没有。

邮箱设置:Sina,Yahoo,Foxmail 等邮箱服务都有点陈旧,界面也不好看。

邮箱和商业计划书都是表面现象,但是本质上我们觉得好的创业团队对于自己的产品会有一定的偏执。而这份偏执在一定程度上也会反映在自己对使用的工具及邮箱、项目及团队的介绍方式,甚至每一份对外的演示文稿上。

面试要求:所有创始人均需出席

YC 在项目交流的时候,会要求创始人必须全体出席。如果实在困难,也需要以 Skype 等形式同步参加(YC 给每个团队最高 600 美元的交通补贴)。

这一点很重要,我们也深有感触。我们经常会遇到以下的情况:

(1)项目本身看上去不错,但是团队在正式入驻之后,才发现其他联合创始人或主力设计/开发人员存在这样或那样的问题。

(2)项目的两位创始人背景和执行力都不错,但是在正式入驻之后才发现,两人之前没有合作的经验,性格也不和。最后,项目因为一些细节问题争吵而解散。

"所有创始人出席"只是表象,内在的核心是:(1)创始人之间的背景和性格是否互补;(2)创始人之前是否有一起学习或工作的经历。

保罗·格雷厄姆曾说:"所有进入孵化的项目团队,在离开的时候,一般有30%的团队会解散。而原因大多都是创始人之间的问题,无关产品。而我在面谈时间与团队交流中的很多时间,都是在当和事佬,解决创始人之间的争执。"

当面交流：试探、引导与挑战

试探：总体来讲，这是申请团队和孵化器之间的智力挑战。好的申请团队一般刚开始会比较保守，更多的是在试探。主要目的是看孵化器是否能够大致理解项目本身，孵化器背后是否有项目所需要的资源和能力。反之，从孵化器角度来看也是一样。孵化器方会先试探性地问一些问题，看项目是否和孵化器本身的目标客户匹配；项目本身的质量和创始团队的能力是否达到一个基本的标准。如果基本内容双方都比较匹配，过了第一关的话，那么有意思的就在之后了。过程中，我们会预留充分的时间让团队进行介绍。基本的内容涉及：项目背景、开发计划、推广方式、团队成员、融资计划、未来规划等。很多项目会花很大的篇幅写市场规模，其实这一部分孵化器并不是十分看重。

引导：之后，孵化器一般会慢慢提出一些自己的看法。例如：它们看过哪些项目也是同一个领域的、别人大致是怎么做的、对于这个领域的看法是怎么样的。一般情况下，如果申请团队能够接住这些问题，说明团队本身在这个领域是有一些基本的了解和积累。同意或者不同意这些观点都不是最关键的，关键是我们可以通过这个部分，发现创始人对项目本身是否有足够强的执行力和足够多的思考。

挑战：最后，孵化器会提出自己对这个项目甚至这个领域的看法，可能关于产品本身、技术、创始人团队、行业大方向等。一般情况下，这些观点都还是比较大众的，不会有特别深刻的理解。但是，如果申请团队一味迎合，不能提出特别深刻或者不一样的见解，那么项目整体质量可能就不会特别突出。比较好的回答是："大部分人都认为这个领域的情况是×××的，但是根据我们实际运营的经验和理解，我们认为实际情况是×××的，客户需要×××的产品，所以我们的做法是……"

• 小技巧 1：我们不是一定要找出那些特别有潜力的项目，而是需要通过交流辨别出那些不靠谱的项目。

• 小技巧 2：当接触的项目达到了一定的量，会发现好的项目其实是具有一定相似气场的。

所以与孵化项目当面交流的目的，看产品本身只是其中的一个内容，更多的是要了解创始人之间的情况。红迪网（Reddit）就是一个很好的例子。保罗·格雷厄姆和罗恩·康韦在挑选最早期团队的核心观点是一样的:找到最好的团队,持续投资最好的团队做的创业公司。

我们经常提到,孵化器或 VC 的创始合伙人背景,很大程度上决定了这个孵化器或基金的基因,从而决定了他们能够吸引和最后投资到的项目。保罗·格雷厄姆的程序员背景决定了 YC 投资了非常多"偏 Geek"的项目,戴夫·麦克卢尔的营销背景决定了 500Startups 会投资"离钱近"的项目。

但是如果我们抛开所有细分领域的行业知识积累,作为孵化器的运营人员,应该如何去做项目交流和筛选? 是否存在一种抽象层面的东西,帮助我们在不深入细分领域的前提下大致理清项目的逻辑,图 4.9 尝试给出一种解释。

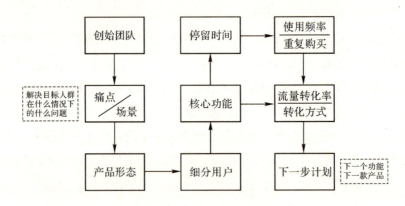

图 4.9　孵化服务体系图

我们先与创始团队接触,了解所有创始人的背景经历。然后通过提问,首先了解他们想在哪个场景下解决哪部分细分人群的什么问题;其次是他们认为什么产品形态(Web,App 或硬件)最适合用来解决这个问题;然后再反过来思考哪部分细分人群会是早期用户(不是指产品调研时填写愿意使用的用户,而是真实地愿意花时间体验产品的用户),他们的性别、年龄、职业、薪资具体呈现怎样的分布。接下去的问题和产品有关,第一版本的最核心功能点是什么,用户大概的停留时间是多长,用户在这个产品上的终身生命周期是多久,用户重复登录/重复购买的频率有多高,流量转化的方式是什么。最后,在产品第一版完成之后,第二版的大概计划是什么。

做好行业研究，是投出好项目的基础

新晋品牌孵化器如何做早期项目分析？

作为一家新晋品牌的孵化器,我们一直在进行一些在外人眼里看起来与孵化器关系不大的事情:媒体推广、产品开发、项目研究。孵化器的场地运营很重要,但仍然只是整体的一部分。孵化器的内部引擎由推广、开发、研究三部分组成。

我们为什么做项目研究,具体是如何进行早期项目的分析呢？

孵化器的大脑,决定了孵化器能够吸引到的人以及后期能够提供的服务。孵化器的大脑由三部分组成:自身、内部、外部。自身即孵化器自己的运营人员。内部是指已经入驻孵化器的团队。外部即孵化器的投资人和导师团。我们做项目研究的目的,对内是为了沉淀高质量内容,用于内部交流分享;对外是为了以高质量内容为基础,打造品牌影响力,变革案源获取的方式。

整个项目研究的流程,大概可以分为素材、消化、工具、灵感、整理、输出这几个阶段。

(1)素材:从绘画、手抄书、印刷机、广播、电视机到互联网,人们获取信息的方式在逐渐发生变化。在创业投资领域,我们可以从以下渠道获取项目和行业信息——门户网站、科技博客、媒体杂志、播客等。

(2)消化:对于这类信息,我们俗称碎片化的信息。人们消费碎片化的信息,用的大多也是碎片化时间——等车、等人、睡前、开不重要的会议时。

（3）工具：我个人非常推荐的内容收集工具有 Rss Reader, Instapaper。

（4）灵感：等待灵感是一件非常有趣的事情，灵感即是内容在大脑中的重新组合。在前期我们需要大量的知识摄取，灵感的产生就是这些知识在大脑中的平行排列、结点连接及重新组合。

（5）整理：体验产品、接触创始员工、归纳整理。体验产品和接触创始员工是获取项目第一手资料最好的方式。阅读记者编写的内容是第二手的资料。要对所有获取的资料重新编辑整理，提取出个人的观点。

（6）输出：即发布。好的内容会有二次甚至三次传播的价值。简书、微博、微信公众号、豆瓣、知乎是我们常用的平台。

以上介绍的是单个项目的研究流程，接下来我们看看从整个公司的层面，如何操作项目研究。

• 前期：优秀实习生招聘。 公司在前期需要积累优秀的研究人员，无论是全职还是兼职的。

• 准备：找到他/她感兴趣的方向，通过任务协同工具（推荐 Teambition）把研究任务分解并模块化。

• 整理：内容收集、资料整理、排版校对。

• 一次沉淀：通过不同的渠道进行发布，如官网、简书、知乎、豆瓣、36氪、微博、个人博客等。

• 二次沉淀：积累在内部资料系统中，用于公司内训及指导项目投资。

与单个项目研究不同，我们从公司层面看整个项目研究。除了在前期需要做好人员等充足的准备之外，在后端我们也希望项目研究除了用于品牌推广之外，还能用于公司内部员工培训，并且指导基金项目投资。

论硬件性能，人类已经跟不上机器了

好的投资人，需要不断摄入各个行业的信息。久而久之，你会发现信息的输入速度会成为投资人的一个瓶颈。

遇见未来：How to Build the Future?

2014 年的秋天，全球知名的孵化器 YC 在斯坦福大学举办了一个创业课程"How to Start a Startup"。2016 年年中，YC 开始制作一系列新的视频内容"How to Build the Future"，节目将会由 YC 的主席萨姆·阿尔特曼主持，对话那些成功创办公司，并且改变我们当今生活的企业家。例如：比尔·盖茨、杰西卡·利文斯顿、埃隆·马斯克、彼得·蒂尔和马克·扎克伯格等。对于制作新节目的目的，萨姆·阿尔特曼在博客中发表了他的观点，他认为科技公司已成为创造未来的强大手段，制作该节目只是和大家分享一些如何去做的建议。

其中的一期节目，由萨姆·阿尔特曼对话埃隆·马斯克，其中有一段对话很有意思。

萨姆·阿尔特曼：人类这种生物太慢了。

埃隆：我觉得是时候创造一个高带宽的接口连到我们的脑部了。我们（大脑）现在的带宽被大大限制了，大脑本来的能力是超过 Email、电脑、手机或 App 的，我们本来就是超人，所以我觉得解决脑部的带宽接口问题是很重要的。

萨姆：再说回到 AI。你对 AI 发表过很多观点，能不能再说说在你看来，一个乐观的未来会是怎样的，我们该如何实现？

埃隆：这就是我们做 OpenAI 这家公司的原因，我们想把 AI 技术传播出去，所以它不会只掌握在少数人手中。当然，这还是要配合连接到大脑皮层的高宽带接口。

萨姆：人类这种生物太慢了。

埃隆：对的，没错。但我们大脑中也有皮层和边缘系统。边缘系统就像是原生的大脑，掌管你的直觉之类的东西，而大脑皮层负责的是思考的部分。这两者大多时候都能很好地一起工作。所以，我觉得如果我们能很好地把 AI 和大脑皮层连在一起，就像大脑皮层和边缘系统所做的事情一样的话，我们就能变成"AI 人"共生体。而当每个人都能成为"AI 人"的时候，我们也就解决了 AI 独裁的问题。这就是我能想到的最好的结果。

是的，将大脑皮层和 AI 连接在一起。连接解决的是高带宽接口问题，或者说 IO（输入输出）问题。接下去，就能充分利用大脑未被开发的能力，或者说处理性能。最后,结合边缘系统的工作(即直觉),达到完美的配合。

说到"一个高带宽的接口连到我们的脑部",我不禁想到电影《攻壳机动队》。

《攻壳机动队》原著由日本漫画家士郎正宗(Masamune Shirow)创作,故事设定在未来的日本。在未来社会,全世界被庞大信息网络连为一体,人类的各种组织器官均可被人造。生化人、仿生人、人类共存在地球上,单凭肉眼无法识别。很多人的身体都有着与网络连接的端口(在脖子后面),身体纯粹成了一个容纳人类灵魂的容器。在这样的背景下,犯罪活动也有了新的动向,日本国家公共安全委员会下属的秘密行动小组"攻壳机动队"就是专门为对付此类犯罪而成立的。

影片中,队长草薙素子的脖子后面就有这么一个连接端口,来控制机器设备,或读取电子脑获取信息。如果我们已经可以通过技术手段解决输入输出和处理性能的瓶颈问题,那么,人和具有强人工智能的机器之间,最后的差异是什么?

记忆(memory)→即兴(improvisation)→私利(self-interest)→自我意识(self-conscious)

对于这个问题的思考,很像在思考 HBO 出品的烧脑美剧《西部世界》中人和主人(Host)之间的关系。

Host 具有觉醒(自我意识)的能力,步骤是:记忆→即兴→私利→未知的金字塔顶。而这未知金字塔的顶端就是自我意识。并且,在整个四步的串联过程中非常重要的是:错误。剧中有一句经典的台词:"在这个星球上,所有生命进化的演进,所使用的工具只有一个:错误。"

还记得埃隆·马斯克的话吗?边缘系统掌管直觉,大脑皮层负责思考。如果AI连接大脑皮层意味着更强的思考能力,那么人类和强人工智能机器之间的最终区别,是否只剩下直觉?

我们看看目前的人工智能已经发展到了什么地步。在 2016 年的围棋人机大战中,人工智能 AlphaGo 与棋手李世石对决,比分最终定格在 4∶1,AlphaGo 获胜。2017 年 5 月,在世界排名第一的围棋选手柯洁与 AlphaGo 的终极一战中,柯洁以 0∶3 完败。人们不禁发问,强人工智能会威胁人类吗?未来人类与 AI 的关系到底是什么?

AlphaGo 是一套为了围棋而特意优化、设计周密的深度学习引擎，它使用了神经网络加上蒙特卡罗树搜索算法（Monte Carlo Tree Search, MCTS），并且利用了巨大的谷歌云计算资源，结合 CPU＋GPU，加上从高手棋谱学习和自我学习的功能。它结合了大数据、机器学习、大规模并行，但目前并不是通用 AI。

2016 年 12 月 20 日，美国白宫发布报告《人工智能、自动化和经济》，这是继 10 月白宫发布《为人工智能做好准备》报告之后，再次发布以 AI 为主题的报告。本报告讨论了人工智能驱动的自动化对经济的预期影响。

未来可预测的、易于编程解决的任务，例如交换机操作员、备案员、旅行社代理和流水线装配工人等劳动密集型职业很容易被新技术所取代，甚至一些工作岗位会消失。新技术将提高从事抽象思维、创造性任务和做出决策的人的生产力，从而使这些人工作生产力大幅增长。市场对劳动力的需求转向更为高端、熟练的劳动力，且相对提高了这一群体的报酬，从而导致不平等现象的加剧。

近几十年来，计算机和通信技术的发展对劳动力市场的影响，将会在人工智能领域重现。未来十年或二十年，9％～47％的工作会受到威胁。按此趋势，每 3 个月就将有约 6％的就业机会消失。

技术再发展下去，人这台旧机器的硬件性能，就要跟不上时代了！

选好"过滤器"，是做好行业研究的内容基础

当投资人遇到信息输入速度瓶颈的时候，人们愿意付费购买的，就不单单是优质内容了，而是能够筛选出优质内容的"过滤器"。

海银资本创始合伙人王煜全曾经在一期播客节目《未来科技如何推动娱乐产业》中提到一个概念："当选择太多的时候，你会干脆逃避选择，随大流。结果会造成群聚现象特别突出，按现在的说法叫作超级 IP。"

在讲逃避选择前，我们先讲讲逃避自由。

《逃避自由》一书的作者是心理学家、新精神分析学派代表人物、哲学家埃瑞克·弗洛姆（Erich Fromm），他一直致力于研究现代人的性格结构及有关心理因素和社会因素相互作用的问题。他在书中提到了一个重要的观点：

自由是一种权利也是一种负担。当个人解脱了束缚的同时也摆脱了束缚下的保障和稳定感,孤立的人会产生焦虑和不安,于是怀疑的人具有两条道路,其一丰富自身,用创造性的自发活动对抗孤独,在反抗绝望中找到存在感;其二,寻求权威保护,宁愿付出失去自我的代价,回到服从束缚的旧路上来,失去了唯一可以给他真正快乐的满足感,在创造过程中的满足,而去追求结果的幻想,在权威和顺从的群体中找到生活的意义,后者称之为逃避自由。

如果你看过电影《肖生克的救赎》,一定会对主角的结局印象深刻。安迪在监狱隐忍多年,只用一把勺子,不停坚持凿墙,终于夺回属于自己的自由。

安迪属于弗洛姆所说的前者:"丰富自身,用创造性的自发活动对抗孤独,在反抗绝望中找到存在感"。

但电影中另一位小人物老布的结局,更令人感觉意味深长。他是监狱图书馆的负责人,在监狱服刑了50多年。刚出狱没多久,因无法习惯外边的世界和生活,他选择了自杀。电影中另一主角瑞德对他的描述解释了这一切:

"他坐了50年的牢。成了井底之蛙。他念过书,在狱中有地位。出狱就成了废人。监狱是个怪地方。起初你恨它。然后习惯它。更久后,你不能离开它。"

乍看之下,还真有点斯德哥尔摩综合征①的感觉。其实,老布属于弗洛姆所说的第二种人:"失去了唯一可以给他真正快乐的满足感,在创造过程中的满足,而去追求结果的幻想,在权威和顺从的群体中找到生活的意义,后者称之为逃避自由。"

借用埃瑞克·弗洛姆的话,自由对安迪来说是权利,对老布来说却是负担。

人们会逃避自由,同样会逃避选择。2016年是所谓泛文化娱乐的一年。我们看到各种名词和标签层出不穷:原创、内容、自媒体、大电影、网剧、直播、短视频、UGC、PGC……

在过去内容稀缺的时代,人们主要做出的行为是选择,而且更多是对某一媒体品牌进行选择。而在内容过载的时代,人们的主要行为是逃避。人们放弃了选择,开始依附于大多数人的选择。于是超级IP诞生了,而本质上对IP最简单的翻译

---

① 斯德哥尔摩综合征:又称为人质情结,是指犯罪的被害者对于犯罪者产生情感,甚至反过来帮助犯罪者的一种情结。

是:识别度。在内容过载的时代,人们逃避选择,依附于大多数人的判断。

一个内容如果无法从众多的内容品牌中脱颖而出,人们就无法去消费。再高质量的内容,没有消费就没有价值。而脱颖而出的方法,就是提高识别度。所以就目前而言,第一优先的并不是内容的质量,而是内容的识别度。

从某种意义上说,所谓的超级 IP,就是人们"逃避选择"的产物。对所有的投资人来说,在如今信息过载的时代,选好个性化的"过滤器",消化最适合你的内容,无论是图文、音频还是视频,是未来做好行业研究的内容基础。

最后引用俄罗斯作家索尔仁尼琴的一段话作为结尾:

> 除了知情权之外,人也应该拥有不知情权,后者的价值要大得多。 它意味着高尚的灵魂不必被那些废话和空谈充斥。 过度的信息对一个裹着充实生活的人来说,是一种不必要的负担。

投资人、写作者与创业者之间的共性

如果我们把各种类型的信息摄入作为输入,把投资人的大脑当作中央处理器(CPU),那么不断思考并且最终成型的内容,就是最终的输出。

写作和播客节目都是内容创作活动,它们有一个共性。

先讲写作。当我们决定做一个选题,会花很多时间做背景调查和素材准备,梳理出一个清晰的逻辑。面对这个艰深的问题,我们自认为找出了一个独立且合理的答案。但最终发现,这样的内容,并不受大众的喜欢。

也许人们更喜欢听故事,而不是消费抽象的结论。

播客节目同样如此,准备了充足的提纲,邀请到了业内咨询的嘉宾,录了1～2个小时,尝试把每个细节问题都挖深挖透。然而,听众的反馈却可能是:听不懂,内容太"干",不够"湿"。

写作与播客有选择,你可以选择做深度(要耐得住寂寞),也可以选择做广度。但创业与投资没得选,创业就是做深度,投资就是做广度。

创业是选一个点,然后打透,需要找到一个支点,来撬动这个世界。创业就是永远在给自己找麻烦,永远在寻找解决方案。

投资则相反，它始终是在一个大的面上寻找新的方向，大赌大赢，刺激多巴胺分泌。

创业和投资也是点、线与面的问题。如果我们选一个点，顺着一条线深挖，会发现我们所能覆盖的面很窄。反之，如果我们不选择单点打透，而是横向扩展，那我们可以覆盖到更广的面。这就是深度与广度的博弈。

也许最佳的解决方案是冰山模型，水面上的部分是面，是广度；水面下的部分是线，是深度。而最终的选择，取决于我们是谁以及我们想做什么。

在前文我们曾经讨论过选好"过滤器"的话题，选择一个好的"过滤器"，就为未来的行业研究提供了优质的内容基础。而写作对于投资人来说，其实是在消化了这些过滤后的优质内容之后的一个总结和沉淀的行为。"过滤器"是行业研究的前提，"写作"是行业研究的结果。

孵化服务为什么重要

爱彼迎创始人布赖恩·切斯科(Brian Chesky)在 YC 线下的创业公开课里曾经提到:"无法量化的事情,往往都会被低估。"无法被量化的事情,很难有客观标尺衡量价值,因此它们的潜力都很容易被低估。

以艺术领域为例。艺术品的好坏,更多取决于个体主观的感受和解读,没有客观标准。艺术品的价格更是在不同的时间段波动非常大,很难理性地推导和预测。我们现在认为是大师级的艺术家,早期作品很多都不被承认和关注。

现在市场上,投资和财务顾问的工作是容易被认可的。我给你钱(投资)或者我帮你找到钱(财务顾问),你给我股份或者佣金,所提供的产品和服务以及得到的回报都很清晰。投资提供的产品是资金,投资得到的回报是股份。FA 提供的产品是融资服务,得到的回报是佣金。

孵化服务在模型上类似,提供的软性服务大多很难被量化,导致价值和价格同样无法计算。主要原因如下:

差异化:不管是孵化器、VC、创业咖啡还是其他创业服务机构,提供的孵化服务大都大而全,对外都宣称涵盖从公司注册、法律咨询、财务咨询、人才招聘、媒体推广到融资引荐的一系列服务。而其中大部分的服务孵化器自身都无法提供,需要第三方接入。而各家接入的第三方服务厂商都大同小异,导致最后各家提供的服务没有差异。

模块化:或者说标准化。每项服务具体投入多少人/时、具体由谁提供、在什么时候提供、具体收费多少、达到什么效果,以上问题孵化器都无法给出统一的回复,导致无法打包成模块化的服务。

由于差异化和模块化上的问题,我们很难确定提供的孵化到底值多少钱。

也许孵化服务的价值暂时很难被量化,现在我们也没有标准而完美的答案,但是可以确定的是,我们必须坚持提供有价值、差异化、模块化的服务。并且相信有价值的服务,在未来一定会有价格。

从租赁、投资到服务,从过去、现在到未来

整个孵化器行业的发展经历了几个阶段,从初期的单纯租赁到之后的配合投资,现在已经开始重视服务。

初期专注于单纯租赁的孵化器,在业态上更像是联合办公。

租赁追求的是短线的回报,决策和交易是低频的。对于孵化器业主来说,租赁能够带来基础回报,但是它和项目之间的关系是松耦合的。

随着行业的发展,越来越多的孵化器在单纯租赁场地的基础之上,慢慢叠加了投资的功能。其中少部分是自己成立基金投资,大部分是与别家基金合作,以财务顾问或联合投资的方式展开。

投资追求的是长期的回报,决策和交易是低频的。对于孵化器业主来说,投资能够带来回报的想象空间,并且和项目之间捆绑得更紧,是紧耦合的。

从2015年开始,随着越来越多的独立品牌和个人开始进入孵化器行业,非常多同质化的新品牌开始出现在市场上。各家在对外的宣传和推广上,都会宣称同时带有空间和投资功能。至此,少部分的孵化器开始关注差异化的孵化服务功能。

这种服务和项目之间的交流是高频的,保持紧耦合的状态,能够帮助判断早期项目未来发展的走向,从而辅助投资的决策,也能够有效帮助投资的项目做投后服务。但目前仍然存在的问题是,孵化服务目前是非标准化的,还没有形成商业模式。

从租赁到服务，是从资源驱动到服务驱动的转变，是从短线、低频、松耦合到长线、高频、紧耦合的转变。

玩不下去的创业强手棋

创业和强手棋有什么关系？乍看这个题目有一些突兀。其实我们想聊的是在早期创业过程中，针对不同时间点所需要的第三方服务。

目前市场上，我们看到太多所谓的创业者"服务大礼包"。一个服务包内包揽诸多项服务，意思是可以涵盖创业过程中所有可能用到的服务。但是核心问题是：没有一家创业公司在一个时间点上需要所有这些服务。并且，过多的信息推送，只会增加创业者的认知负担。

整个创业的过程，和强手棋游戏有某种程度的相似。下一步会走到哪里并不确定（取决于骰子），但每走一步都要努力做一些积累。创业者需要的，不是从起点开始就背上所有的负担，而是每当遇到困难，并且除了自身努力还确实需要外部帮助的时候，能够得到快速而有效的支持。你可以理解为创业服务的按需服务（Service On Demand）。

以上，我们罗列了早期创业团队在细分的每一个过程结点上可能需要的定点的服务支持。在表 4-2 中，我们会大概罗列出针对每一项服务，国内和国外比较好的此项服务提供商有哪些，供大家参考使用。

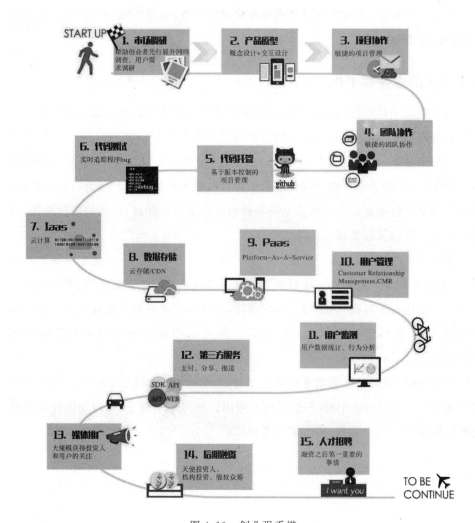

图 4.10　创业强手棋

表 4-2　早期创业团队所需服务及其全球提供商

产品服务类型	产品服务内容	服务供应商
市场调研	帮助创业者先行开展网络调查,用户需求调研	百度指数、淘宝指数、艾瑞咨询、梅花网、金数据、调查派、问答箱子、SurveyMonkey
产品原型	概念设计＋交互设计	Mockup、Axure、POP
项目协作	敏捷的项目管理	Teambition、Tower、Worktile、Basecamp、Asana、Pivotal Tracker、Trello
团队协作	敏捷的团队协作	简聊、BearyChat、钉钉、Slack
代码托管	基于版本控制的项目管理	Coding、Github、Gitlab、Bitbucket
测试部署	产品测试、产品部署、产品分发	Travis CI、Bugsnag、蒲公英
Iaas	云计算	UCloud、QingCloud、阿里云、AWS、GAE、Azure
数据存储	云存储/CDN	又拍云、七牛、Amazon S3
Paas	将平台作为一种服务	Firebase、Leancloud、DaoCloud
用户管理	已有用户信息推送	Mailgun、Mailchimp、SendCloud、SendGrid、Mandrill、MikeCRM
用户监测	用户数据统计、行为分析	Google Analytics、TalkingData、友盟、SiteMaster、MixPanel
第三方服务	支付、分享、推送	Stripe、Ping＋＋、个推、APICloud、ShareSDK
媒体推广	大规模获得投资人和用户的关注	TechIPO、游戏葡萄、Tech2IPO
后期融资	天使投资人、投资机构、股权众筹	创投圈、真股、36 氪、小饭桌、以太、京东众筹
人才招聘	融资之后第一重要的事情	拉钩网、哪上班、100Offer

机械键盘理论：孵化器到底起什么作用？

早期创业孵化器领域里一直有两派观点，第一派认为孵化器能够给早期创业项目非常多的帮助。他们一般会列举许多从各地孵化器毕业并且顺利完成多轮融资的新兴创业公司。这一派以创新工厂、天使湾、InnoSpace 为代表。第二派则认为优秀的创业项目都是野蛮生长出来的，孵化器更像是一个温室，需要被孵化的项目也不会多么优秀。这一派以天使投资人戴志康为代表。

这里我们不会给出中庸而普世的答案，说什么具体情况要具体讨论，各有各的道理。我们想讨论的是，这些争论背后的核心问题，即孵化器到底在起一些什么作用？

图 4.11　机械键盘

优秀的项目和优秀的程序员

对于项目，有两个观点需要预设：(1)孵化器更多针对第一次创业的项目；(2)优秀的项目早晚都会成功，只是时间问题，孵化器的作用只是辅助，投资机构的资金也只是加速其成功。孵化器更多的是针对第一次创业的项目，连续创业者一般在初始资金和圈内人脉上都有一些积累，对于项目过程的把控和节奏也有丰富经验，对孵化器的需求并不强烈。

现在创业公司或大型互联网公司中的程序员或设计师，平时工作所使用的一整套装备都很"专业"——Macbook Pro 电脑、Herman Miller 人体工程学座椅、Cherry 机械键盘、HKC IPS 屏显示器、iQunix 笔记本支架……其实所有这些装备都只是起辅助作用，真正优秀的程序员在任何环境和装备条件下，都能写出高质量的代码。

这些道理大家都懂，那么这些所谓进阶装备，比如说机械键盘，到底为程序员带来了什么？

首先，机械键盘能够降低按键错误率。其次，机械键盘可以对少数键位进行定制，你可以根据自己的喜好定制快捷键。不管是降低错误率还是快捷键定制，都直接地提高了生产效率。

此外，使用机械键盘可以给人带来愉悦感。

机械键盘有不同的分类方法，除去厂牌外，大家喜欢按照机械键盘键下所使用的不同的轴（弹簧＋触点）来区分：

• 茶轴：整体表现中性，打击段落感，按键较轻，反弹中等，声音中等，适用于写作。

• 青轴：最典型的机械键盘，声音最大，段落感最强，回弹介于茶轴和黑轴中间。

• 黑轴：没有段落感，反弹力度最高，键程最长，适用于游戏。

• 红轴：机械特性和黑轴相当。

每个人可以根据自己对于声音的容忍度、键程和回弹的手感、键位数的喜好来自由选择不同类型的键盘。不管是程序员、设计师还是写作者，每天和键盘打交道的时间都是最多的，每天的平均打击次数可能达 10000～20000 次。所以选择一款称手的机械键盘，带来按键时的愉悦感是很有必要的。

最后，不同的厂牌有不同的键盘，如 Cherry、Filco、富士通（HHKB 是静电容键盘）、Matias（加拿大厂牌，非常少数的无线紧凑型机械键盘，与 MAC 兼容性好）、CODE Keyboard。另外，还有专门做机械键盘定制的厂牌，如 WASD。不同的型号和厂牌的选择，在某种意义上代表了个人的喜好和品位。

机械键盘与孵化器

讨论机械键盘与孵化器的关系,需要先把两者表面的东西剥离,抽象出核心。孵化器和机械键盘对于客户,即创业项目和程序员,带来的一致性的帮助如表 4-3。

表 4-3　孵化器和机械键盘的对比

机械键盘	孵化器
提高效率	提高项目进度
减少出错率	少走弯路
更加舒适的打击感	更加愉悦的工作环境
定制化的键盘	定制化的导师匹配
个性化厂牌	孵化器的品牌背书

总结表 4-3,孵化器能带给创业项目更多的帮助,在于帮助项目少走弯路,提高项目进度,增加工作环境的愉悦感,定制匹配的导师和服务,以及孵化器本身品牌的背书。

没有所谓最好的键盘,只有最适合自己的键盘。所以同理,应事先做更多的功课,然后选择最适合自己的孵化器。最后,问题的关键不是你加入或者不加入哪一个孵化器,而是在于自己的团队和项目。永远记住,孵化器只是一个机械键盘,而你要做的是把自己锻炼成一名优秀的程序员。

哪些是核心孵化服务

一家优秀孵化器需要关注的 5 个问题

1. 为什么要做孵化器？

创新机制的改变往往象征着一个时代的落幕，下一个划时代的点在哪里？技术的不断更新，大企业的起起落落背后都有这样一个幕后推手，那就是创新驱动力，表面上我们会看到冰山顶层的公司，再往下看是技术的进步，而推动技术进步的就是创新驱动力。为什么要去做孵化器？因为在目前这个时间点，孵化器是驱动创新的最新形态，而我们需要持续不断地驱动创新，把握将来。

2. 所有人都严重低估了做孵化器的难度

如果说住宅楼是一个简单系统，目的单一明确，即满足业主需求，那孵化器就是一个复杂的多态系统，有房地产招商的需求、有 VC 投资的需求，也要做好服务和咨询等。你面对的客户群是综合性的，当初期的大投入短期内无法获得高收益，造成巨大压力的时候，你会深深感到复杂，感到矛盾、感到困难重重。

3. 大家在怎么做孵化器？

国内外都有相当优秀的孵化器，它们作为先驱者尝试过了许多运营手段。孵化器不仅仅只是美国做得早，以色列和德国等国也通过不同的激励机制做了很多商业模式上的创新，还有些已经实现了上市。我们自己做了大量国内国外孵化器的个案研究(《如何定义孵化器》一书中也有提到部分案例),并且仍在不断收集和研究最新的孵化器和运营模式。怎么做空间,怎么做投资,怎么做咨询,是于不确定中寻找确定性的艺术。孵化器研究,配合我们自营孵化器组织模式的经验,决定了我们能够为其他孵化器提供升级与改造服务,提供成长型企业联合实验室服务。

4. 孵化器的核心是什么?

可能有人会说:孵化器众创空间就是做"二房东"嘛。这种说法有问题,却也说出了目前孵化器不得不去面对的一件事,因为这也是能够为孵化器实现财务自由、做更多创新的经济基础。而孵化器差异化真正的核心,一定是对创业者真正有帮助的产品咨询＋商业咨询。

因为我们陆陆续续一直在做项目研究和行业研究,目前累计开设了 20 个领域的行业研究板块,已发表 19 篇行业研究报告,并且这个数量还在不断增加中。而行业研究决定了孵化器到底能不能提供 Office Hour(项目咨询、商业咨询)给创业公司。Office Hour 配合空间服务和投资服务,构成了我们所认为的孵化器最新的组织模式。然后我们用这种组织模式运营自己的线下孵化器空间。

5. 孵化器到底是什么?

正如开始时我们所谈到的,孵化器其实是现在最新的创新驱动形态,说得再实在点,孵化器在架构上也是一家创业公司,提供办公场地和种子投资是手段,输出智力服务才是目标。

孵化器作为一种新型的创新驱动力,一定会不断地改变它的形态和运作方式。我们需要不断生产与孵化器、创业、投资有关的原创文章,为入驻孵化器的团队提供项目咨询和商业咨询的深度孵化服务,为其他孵化器合作伙伴提供孵化器改造和升级的咨询服务,为大型科技企业提供更加市场化的联合实验室咨询服务,并且运营自己的线下孵化器和孵化基金。我们要不停驱动自家孵化器、合作伙伴的孵化器,大型科技企业内所有组织团队创新的力量。

希望未来,STORIES 能够摸索出一个成功运作市场化孵化器的模型,包括输出课程、产品、项目、品牌等,并将其共享出来,尝试做一个开源的孵化器。

做一个开源的孵化器,是我们的最终目标!

YC 提供哪些核心的孵化服务?

Airbnb,Dropbox,Stripe,Zenefits 等大家熟悉的独角兽公司,都是 YC 早期的孵化项目。YC 的孵化服务分为两类:盈利性、非盈利性。

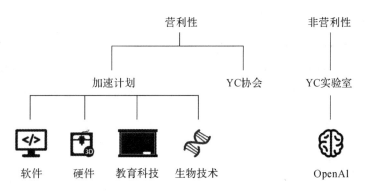

图 4.12　YC 的孵化服务分类

盈利性服务

盈利性服务的形式是将所有的投资、服务、导师对接和 Demo Day 等打包在一个孵化计划内。这种做法意味着大量项目统一收集、统一筛选、集中投资、集中孵化。具体的孵化计划形式又分为两种:针对首次创业人群的"YC 协会"(YC Fellowship)和针对稍成熟团队的"加速计划"(Acceleration Program)。

"YC 协会"针对的是首次创业的人群,投资额为 2 万美元,要在 8 周时间内通过 YC 导师的建议,将想法转变为一家创业公司,被认为是迷你版的加速计划。"加速计划"是 YC 最核心的服务产品。每年两次,以小金额(每笔 12 万美元)投资大批量的项目。最近 YC 把加速计划产品化做了更加细化的分类,拆分为软件领域、硬件领域、教育科技、生物技术 4 个领域。

• 软件领域:产品形态多为 App 和 Web。

• 硬件领域:与软件领域相比,硬件领域创业在很多地方有截然不同的需求。YC 与硅谷著名的硬件孵化器 Bolt 达成了战略合作,Bolt 的合伙人和工程师将给予YC 投资硬件项目在产品开发和大规模生产方面的指导。

• 教育科技：专门针对教育领域的孵化器品牌 Imagine K12 宣布加入 YC，今后将继续保持独立运营，负责 YC 的教育线。

• 生物技术：生命科学领域正在发生革命性的变化。生物技术公司的创业成本正在下降，周期正在缩短，这些和互联网项目的相似度非常高。未来小团队利用有限的资金，就可能创造出颠覆性的产品和服务，并且将其迅速市场化。

非盈利服务

YC 大部分的工作是投资创业公司。但部分具有社会价值和商业价值的创业项目，却并不容易得到资本市场的青睐。例如那些商业周期非常长的项目，那些试图解决开放性问题的项目以及那些所有关键技术都开源的项目。YC 想利用市场化的手段提高这些项目的效率和产出（相较于传统的研究实验室和 NGO 组织），YC 实验室（Y Combinator Research, YCR）就致力于此。

OpenAI 是 YC 实验室旗下的第一个非盈利项目，采用公司化的运作模式，专注于人工智能领域。与其他同样致力于人工智能领域的实验室不同，OpenAI 并不追求快速的财务回报。OpenAI 的联席主席有萨姆·阿尔特曼和埃隆·马斯克。

YC 在非盈利项目领域的投资，是利用市场化的机制，提升传统基础科学领域研究项目的效率，提高产出，在相对长周期的时间窗内寻求市场化和商业化的道路。

在盈利性项目的投资孵化领域，YC 采用更加细化的领域分类，意味着除了传统的软件领域之外，也在涉足硬件、教育、生物科技等其他领域。在每个细分领域，采用小金额大批量的投资方式，帮助 YC 小成本、大范围地覆盖了几大重要领域，捕捉潜在的独角兽项目。此外，YC 在最早期投资，并且成功的项目如 Airbnb，Dropbox 等，成了很成功的案例，利用口碑效应帮助 YC 吸引了潜在的独角兽项目。

在非盈利性项目的投资孵化领域，则可以理解成为未来盈利性项目细分领域储备的提前布局，目的是帮助 YC 提前理解未来的高科技行业的发展趋势，提前布局所有目标行业和关键人物。

YC 提供的核心孵化服务

由于 YC 每轮投资的额度非常小，所以投资可能不是 YC 最核心的能力。同时，YC 也并不提供办公场地给创业团队。YC 最核心的是其自身强大的合伙人团队,背后丰富的导师资源以及能够将这些人脉资源与其自己投资的项目进行有效对接的中间平台。

　　YC 目前全职的合伙人共有 19 人,见表 4-4。

表 4-4　YC 主要全职合伙人一览

人名	职务	成就与事业
萨姆·阿尔特曼	Loopt CEO/创始人	YC 2005 年投资项目,于 2012 年被 Green Dot 收购。目前是 Green Dot 董事会成员。曾成立 Hydrazine Capital。毕业于斯坦福大学计算机科学专业,曾在斯坦福大学人工智能实验室工作。
特雷弗·布莱克威尔（Trevor Blackwell）	机器人科学家	哈佛大学法学计算机科学博士。
保罗·布赫海特（Paul Buchheit）	Gmail 创始人	在 Google 时曾打造了谷歌广告系统 AdSense 的原型。Google 的口号"Don't be evil"原作者。2007 年成立 Friendfeed,2009 年被 Facebook 收购。
保罗·格雷厄姆	全球最牛风险投资家	PG 和 Robert Morris 共同成立了 Viaweb,并于 1998 年被雅虎收购。
凯文·墨尔（Kevin Hale）	Wufoo 联合创始人	2006 年 YC 孵化项目,2011 年被 SurveyMonkey 收购。
亚伦·哈里斯（Aaron Harris）	Tutorspree 联合创始人	2011 年 YC 孵化项目。
贾斯汀·坎（Justin Kan）	Exec 联合创始人、CEO	Justin. TV 创始人,发布了 TwitchTV,并且内部孵化了 Socialcam。Kiko 创始人,YC 于 2005 年孵化的项目,2006 年被 Tucows 收购。
杰西卡·利文斯顿	前投资银行 Adams Harkness 市场副总裁	—
罗伯特·莫里斯（Robert Morris）	麻省理工学院计算机科学教授	发布了大量有关无线网络、分布式操作系统、点对点应用
奥斯卡·尤尼斯（Oasar Younis）	TalkBin 创始人、CEO	YC 孵化项目,后被 Google 收购。

Open Office Hour

YC 拥有强大的合伙人和导师团队，但这并不足够，还需要有一个中间平台，能够有效地将上游的人脉资源和下游的团队需求结合起来，才算完成了闭环。为此，YC 成立了一个新的兴趣项目：Open Office Hour。简单来说，Open Office Hour 是一个高效的中间平台，它将上游强大的合伙人及导师团资源以及下游众多的投资项目及被投企业创始人，进行了一个有效的对接。

YC 帝国的崛起

以上内容只是对 YC 帝国的解构。而真正产生价值并发挥创造力的，在于解构之后的重组。接下去，我们试图重构整个 YC 帝国，看看其内部组织到底呈现出一个怎样的形态，能够支持 YC 每年吸引到这么多优质的项目，并且为其提供核心的孵化服务。根据冰山理论，那些独角兽公司以及 YC 所投资的其余 1000＋项目都是 YC 帝国这座冰山暴露在海平面之上的部分。而真正危险的部分隐藏于海平面以下，那就是：YC 的创始人/导师团队、强大的品牌推广能力和产品化的服务能力。"冰山模型"揭示了 YC 帝国的内部组织机构。我们再进一步细化，把 YC 位于海平面以下的部分单独抽离出来。拿我们所熟悉的汽车引擎作对比，你会发现：

- YC 的创始人/导师团队＝汽油（人脉）

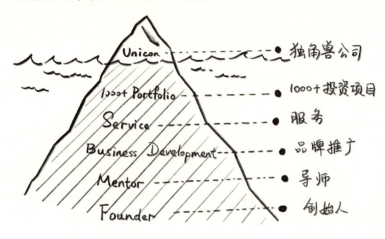

图 4.13　冰山理论

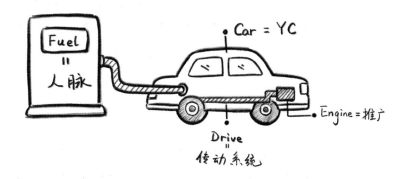

图 4.14　YC 的引擎模型

- 强大的品牌推广能力＝引擎（推广）
- 产品化的服务能力＝传动系统（服务）

引擎模型揭示了 YC 最核心的投资服务能力。简单来讲,充分利用合伙人/导师的人脉资源,借助大量原创的内容、线上媒体的宣传渠道和线下品牌的活动吸引创业项目,经过筛选后小金额、大批量地投资这些早期项目;再把所有投资的优秀项目的创始人资源沉淀下来作为导师,把投资的优秀项目的品牌资源沉淀下来用于下一轮孵化计划的推广。这是整个 YC 帝国正向闭环的运作模式。

不同类型客户需要差异化服务

不同类型的客户,其实需要的孵化服务是完全不同的。不同的客户类型主要体现在:(1)客户公司的规模;(2)客户本身的诉求。

不定期跟进

最基础的客户,需要的只是一个空间,你只要保证每天的办公室出入、空调、水电煤、物业、保洁和保安等功能都到位就可以了。

这类客户不喜欢被频繁打扰,当他们有需要的时候,会主动来找你的,只要守株待兔就可以了。

一个月冲刺

这类客户是孵化器重点服务的对象。服务频率最高,可以每天跟进,也可以每

181

两三天跟进一次。客户一般处在项目发展的最初期阶段,在研发、运营、推广和融资上都需要帮助。团队内部成员不多,能力也不够强,所以会更需要外界的帮助。

针对这类客户,可以指定一个月冲刺的详细规划,设定一个明确的单月 KPI 目标,不断推动项目前进。由于是每天跟进,所以在过程中一旦发现问题,也可以及时调整。

4 个月冲刺

这类客户是孵化器最有价值的客户。频率适中,每周跟进一次,也可以每两周跟进一次。这类客户的项目已经基本成型,而且有了一些稳定的客源,团队内部各部分也基本稳定。团队寻求帮助的,更多是外界的媒体合作、上下游企业之间的合作以及外部融资。

针对这类客户,可以针对出现的需求制定实施步骤。例如如果需要外部科技媒体的曝光,就罗列出可以帮助其对接的媒体名单,按照清单一个个对接,从邀约记者、当面交流、文章完稿、媒体曝光到效果反馈。

女朋友与兄弟会

女朋友与兄弟会,真是一个奇怪的名字,我们到底想说什么?其实这代表着孵化器与创业项目的关系,在前期像"女朋友",在后期像"兄弟会"。

女朋友

"由于自由恋爱的发展,女朋友在人们心中的概念也从单一的女生朋友发展到了做妻子之前的对象的代名词",这是来自"百度百科"对"女朋友"一词的解释。

在早期,孵化器与项目的接触,一般会经历相遇(品牌认知)、接触(场地参观)、交流(项目交流)、吸引(合作确认)、相处(尝试入驻)、确认(签订合同)等过程。

在正式入驻孵化器之前,作为项目方,对于孵化器的选择会比较"挑剔",如孵化器地段、周边环境、已入驻客户、是否有投资、投后服务能力、背后资源与导师等。同样,作为孵化器方,对于项目也有自己的挑选标准:是否是自己感兴趣的领域、团队创始人能力和已入驻客户匹配度等。

你仔细想想,这真的很像男女朋友早期相处的模式——相互试探、吸引与挑选。孵化器要做好早期项目交流，需要这样的思考方式。

兄弟会

百度百科对于兄弟会的解释为："兄弟会的入会采取自愿的原则，入会的门槛是以交会费为前提，在它还不被人问津的初始期，仅仅是学生们用来私下褒贬自己老师的秘密小集会。"

我们经常提到，优秀的创始人之间气场是相似的。同样，优秀的孵化器应该有能力吸引到优秀的创始人。这样的创始人逐渐积累，会形成类似兄弟会一样的组织氛围。

孵化器要做好项目筛选和入驻服务，需要把每个新客户与所有已入驻客户作为整体考虑：

（1）新入驻的会员，是否能达到之前老会员一样高的标准？

（2）老会员是否愿意接纳新会员？

（3）新会员对老会员是否有帮助？

写这篇文章其实是为了回答孵化器两个核心的问题：

（1）为什么我们吸引不到优秀的团队？

（2）为什么我们留不住优秀的团队？

为了吸引到足够优秀的团队，你自己首先要变成足够优秀的人，而为了挽留这些优秀的团队，孵化器内部必须有严格的筛选标准，保证每个新进客户对于整个孵化器都有价值，最终形成一套内部所谓的精英组织。

孵化器哪些服务才是最重要的？

大体来说，孵化器的服务分为三类：

- 硬件基础服务
- 软性基础服务
- 软性增值服务

其中软性服务是孵化器提供给创业公司最重要、最独特的服务。

硬件基础服务，即是指办公空间。

　　软性基础服务是指公司注册、法律咨询、财务咨询、人力资源咨询、知识产权管理、政府政策申报等。这类服务一般市场上都有成熟的第三方机构能提供，所以孵化器要做的就是筛选性价比高、响应速度快的第三方机构给客户公司。

　　软性增值服务包括两块：产品咨询、商业咨询。

　　产品咨询包括产品形态、目前功能、用户数、用户反馈、下一版功能、产品团队情况等。产品咨询的目的是孵化器协助创业企业一起，做出用户真正需要的产品和服务。

　　商业咨询包括产品推广、下轮融资。商业咨询的目的是协助创业企业一起，实现产品和服务的推广和商业化。

　　这部分的服务工作，需要孵化器运营人员自己来做，而且需要团队成员有较强的行业经验积累和人脉关系。在形式上和行业研究很相似，在业务上和咨询公司很相似。

如何建立孵化服务体系

招人

在组建团队后才发现有些人能力有限，不能为团队做出足够的贡献，该怎么办？

是认真地沟通一次，把他辞掉，还是留下态度好的并且不断教他，让他迅速成长？大家可能会有一种误解，觉得这个人是我的员工，可惜不是，他是创业的合伙人啊！这个是最致命的，公司注册了，股份也给了，但是创业初期最需要每个人发力的时候他给不上力，或者对团队影响不大，可以被其他人弥补，总之就是感觉不舒服，不知道怎么处理这个事。

每个创业公司都希望自己的初创团队能够一起携手走到最后，却往往事与愿违，不管是当初是出于什么原因走到一起，结果又各奔东西，一句"可惜不是你"道不尽那份悲凉和失望。

先看个例子。当Instragram运营一年时，团队成员仅6人，却引领照片分享服务迅速发展，用户超过千万，并获得首轮融资700万美元。资本是一种工具，有了资本不一定就要扩张，尤其是团队成员，如果现有的成员完全可以跟上公司的发展节奏，那尽可能不要再去增加人员，以防陷入多几个人会更高效的误区。

像Instragram那样一个小而美的团队是初创公司最希望看到的理想状态，所以对于初创公司来说,每一个团队成员都是非常重要的,无论是合伙人还是普通成员,如果缺了谁其他人就要疯了,那就对了。招人选人要谨慎,在初创企业中,每个"坑"都是珍贵的。

如果是团队成员,如果发现有问题,就快速解聘。这样说好像比较残酷,似乎没有给股份就可以随意开除员工。但在初创团队中,每个员工都是十分重要的,团队的稳定也至关重要,一旦一个人不能胜任他的工作并且在公司内没有更好的去处,哪怕是壮士断腕也必须换人。

早期阶段的创业公司,处于一个特别短的冲刺时间窗内,并不是一个特别好的培养员工的场所(当然公司逐渐成长了会慢慢有改变)。员工需要能够独自应对一切可能发生的困难,没有人能教你,甚至很可能整个部门就你一个光杆司令,什么都要会做,这和大公司完善的职业培训体系差异很大。

创业公司创始人和合伙人之间的关系会影响公司的整体走向和未来,创始人与合伙人作为公司的领军人物,决定了公司的风格和整体氛围。如果两者之间出现问题就不得不去解决,也难免要付出一些惨痛代价。

创业的意义是什么?

创业的主体分为小企业和大公司。

小企业即我们经常提起的创业公司,一般都是中小企业,有些甚至可能是自由职业者。小企业创新或创业的目的,很多都是为了实现个人价值。我们经常提起的一些概念,所谓的"改变世界一点点""让这个世界更美好"或者"影响一部分人",都是希望通过个人的努力,实现一些社会价值和商业价值。

大企业即我们传统理解的传统企业、成长型企业或大型上市公司。大企业创新或创业的目的更加简单:追求持续的商业回报。

对于大公司或成熟型企业来说,已经有能带来稳定现金流业务的产品线了。但是很多大企业的高管,仍然会担心在未来的某个时间点,目前能为企业带来现金流的业务会失去竞争力,企业仍将面临危机。

所以很多企业进行内部创新或者外部的战略投资、收购的目的,都是为了使企业拥有能持续带来现金流的业务,最终使企业能够有持续的商业回报(持续赚钱)。

简单来说,小企业在实现个人价值,大企业在追求商业回报。

如何让别人愿意和没有钱的你一起干大事?

如何让别人跟着你创业,和你自己在电商网站购物是一个道理。

你在电商网站是怎么买东西的?多数人都会选择在那些已经完成大量订单的商家下单,因为这样更容易产生信任。已经完成的订单是建立信任的背书。

如何让别人跟着你干?同样需要让别人对你产生信任。而这种信任是如何产生的?有两种方式:

- 赚过大钱
- 干过大事

以上两种任何一个都可以作为个人的背书,方便人们之间建立信任。

效率

为了做好一件事情,所有人需要的时间都是一样的。

很多人在讨论,在与传统大公司的竞争过程中,没有品牌和资金优势的创业小公司,到底要凭借什么取胜?

不同的人有不同的角度和结论:小公司更加大胆和灵活、小公司更加拼命、小公司专注的领域可能是被大公司忽略或者暂时没有关注的。

今天,我们想从另外一个角度看待这个问题,其实从某种意义上来说,为了做好一件事情,创业者或大公司需要花费的时间是一样的。那到底是什么造成了后期结果上巨大的差异?

第一点肯定是投入时间的多少。传统大公司的朝九晚五工作制,在创业公司一般很少见到。创业公司的一般员工,朝十晚八、一周工作六天是常见的状态;创始人更是随时随地(拜手机所赐)都在工作。在物质上,这是由于股份将员工与公司绑定;在精神上,则源于对于某一件事情或理念的认同。创业公司在时间投入这件事上,多半超出传统大公司很多。

在最早期,大部分创业公司的产品能否生存只存在很有限的时间窗,事关公司存亡,需要更快地做出高质量的、能解决用户痛点的产品。而为了做到这一点,效率就尤为关键。

使效率更高的第一点,是精简业务,专注核心。寻找用户的核心痛点,挖深挖透,从而剥离非核心的业务功能。

使效率更高的第二点,是更多地使用高效工具,不要重复发明轮子。现在的创业公司开始逐渐从传统写字楼搬入联合办公空间或者各类孵化器,甚至少部分团队已经开始践行远程办公的方式。在这种情况下,更多地使用项目流程管理、即时通信工具、协同写作、文件共享等软件,能够大幅提高效率。(对于第一次使用此类软件的人,初期有一些学习成本。但是对比后期所能节约的时间,前期的时间肯定值得投入。)

优秀的项目创始人一般在对应的行业领域都有过几年的实际经验。更多的一手操作带来的是实际的反馈,实际的反馈带来深度的思考,深度的思考会沉淀行业经验。而行业经验是非常宝贵的资源,能够帮助项目在运行过程中少走很多弯路。

作为创业公司,"无知者无畏"或者"野蛮生长"是常见的状态。但是需要注意的是,作为创业公司,你手里的子弹是有限的。子弹不仅是指资金,更是指团队的士气。每一次的挫折,除了造成时间成本的浪费、资金的流失之外,更重要的是团队士气会受到影响。俗话说:人心散了,队伍就不好带了。

项目创始人若有更丰富的经验,就能够更好地把握节奏,避开不必要的弯路,节约资金和时间,保持团队的士气。

如果把投入时间更多、效率更高、经验丰富相乘,就能得到更高的效率。总体生产效率=投入时间×工作效率×行业经验。我们假设投入时间是对手的2倍,工作效率是对手的3倍,而行业经验又能节约一半的弯路成本,从而产生2倍的效率,那么最后一家创业公司的总体生产效率将是传统大公司内某项目团队的12倍。至此,你应该就能够理解乔布斯曾经说过的那句经典的话:"一名优秀员工可以顶50名平庸员工。"

管理好你的精力,而不是时间

精力分配优于时间管理

很多时候大家在做的事情,是对时间的分配。一天 24 个小时,除了 8 个小时睡觉,剩下的时间,有多少时间是花在读书上,有多少时间是花在新领域课程的学习上,多少时间是花在其他事情上,这是大家对时间的分配。但实际上,更重要的是精力的分配。每个人每天最精力充沛的时间可能只有两三个小时。这两三个小时是指不打瞌睡,也没有其他乱七八糟的想法,能够集中精力做一件事情的时间。大家通常会考虑应该怎么分配我醒着的 16 个小时,但更关键的是想清楚怎么分配自己精力最好的那两三个小时。思考你是把它花在开会上——和供应商、内部员工开会上,花在产品研发上,花在跟投资人吃饭上,还是花在去想你到底应该怎么做上面,这个更重要。将自己精力最好的那两三个小时花在哪里很重要,这是给创业者,同时也是给学生非常重要的一个建议。

项目创始人的精力管理

很多的项目创始人都把时间花在了阅读科技媒体的新闻上了:"大多数人关注国内的科技媒体,而且科技媒体的文章大多报道的都是××公司又拿到了××美元或人民币的××轮融资。"

YC 的联合创始人保罗·格雷厄姆始终对所有投资的团队强调:"进入孵化器以后,只要关注两件事情——产品、用户。"

我们的优先级顺序是这样的:精力＞时间＞团队＞产品＞用户＞投资。管理好自己的精力,投入到最关键的时间段内,保护好团队,打磨好产品,用心关注用户,相信投资人会找到你的。

初创企业如何提高工作效率

对早期的创业团队来说,最宝贵的东西并不是"资金",而是"时间"。如何能在有限的资源条件下,以最高的性价比提供最优质的产品,提高每个人的工作效率就显得尤为关键。

专注核心业务

我们所定义的初创团队，人数规模一般在 3～5 人。和大公司不同，初创企业一般没有成熟的架构和流程，一个人往往要承担多人的工作。工作效率低所造成的问题，往往是由于项目的时间窗口造成的。时间窗问题是指，如果效率不高，短时间内做不到一定的质和量，就要被同一时间内的竞争对手打垮。所以，工作效率对于早期初创团队至关重要。

为了能够提高工作效率，最本质的要素是专注于核心业务，以最少的资金和最短的时间投入，完成非核心但是又必须完成的事情。有两个关键方法：不要重新发明轮子；以最低的成本（包含资金和学习成本），发现和使用最高效的工具。

个人时间管理

要提高工作效率，就一定要强调个人的时间管理。大部分人对自我时间的管理，都是通过网页端和移动端的日历工具。目前有两大系统级的日历应用：Google 日历在国内速度极慢，间断性不能访问；苹果日历在国内的设备间同步做得还不错。

在个人日历应用中有一些小技巧，比如可以用不同的颜色来区分不同的任务，例如公司项目、兴趣项目、个人安排等。此外，每周末需要花足够多的时间，安排下周的工作量，确定重点。

不同设备间切换

现在我们的工作，经常需要在不同的设备之间进行切换。首先是多屏幕间的切换，主要是主屏幕和扩展屏幕。在多个屏幕之间，浏览器、Evernote 等放在主屏幕，聊天窗、邮件回复等放在扩展屏幕。其次是硬件设备间的切换，包括键盘和鼠标，特别是键盘，对于每天和电脑打交道的人来说，一个机械键盘真的能提高敲击的效率和愉悦感。最后是不同主机设备间的切换，如 Mac，iPad 和 iPhone。Mac 处理工作、iPad 回复邮件、iPhone 回复微信。

经常在不同设备间进行切换，并不是为了炫耀，而是确实能够提高个人的工作效率。以多屏幕间的切换为例，解决的第一个问题是能同步处理多件小事情，比如同步处理日历、微信、QQ、换歌。解决的第二个问题是能平行地思考一件大事情的几个部分。比如同时用浏览器查资料、用 Evernote 记录内容和回复邮件。

思考内容沉淀

除了单纯地提高效率之外,我们还需要把一些关键节点上的思考内容沉淀下来。我用简书把重要的内容沉淀下来,避免重新思考一样的事情,方便把问题的核心复制、传递。当然,你也可以将自己的思考沉淀在知乎或者自己的博客当中。

为了把握整条知识树链条中各个环节的内容,你可以在上游借助 Teambition 来梳理项目的整体和每个任务,下游由简书来沉淀思考、进行分享,印象笔记在中游承担零星知识点的积累、梳理、归档的功能。印象笔记同时也可以部分承担 CRM 管理、项目管理的职责。

使用印象笔记也有两个小技巧,一是合理地设置笔记本组、笔记本、笔记的三层关系;二是充分使用印象笔记提供的小功能,比如演示、分享等。

项目协同管理

除了提高单人的工作效率,我们还需要提高公司内部整个项目团队的工作效率。这时,项目管理工具就派上用场了。国内的项目管理工具有 Teambition,对于互联网、设计、广告、传媒等行业有流程优化功能的国外的项目管理工具有 Pivotal Tracker,是程序员项目管理利器。

使用项目管理工具时,任务的布置最好由项目负责人来做。这是一个思考项目整体结构的机会,也可以静下来思考每个任务如何落地操作及其难易程度,应安排多少时间、多少人,任务顺序、优先级、性价比。

另外,我们也提倡用 QQ 企业邮箱来沟通公司内部事务,其特点是:免费、设置方便、速度快、支持超大附件上传。

文件共享工具

如果你已经开始使用项目协同工具,那么如何在不同的团队成员之外共享文件,就变成了另一个需求。国内仅存的文件共享工具是百度云盘,此前它把酷盘收购了。国外的文件共享工具有 Dropbox 和 Google Drive。对于小团队来说 Dropbox 基本够用了,功能也够全面。

合理地利用文件共享工具,能够避免很多邮件传来传去的时间。另外,高阶的文件协同编辑功能也可以考虑。

实时会议系统

实时会议系统能有效提高项目团队和客户团队之间的沟通效率。可用的工具有 Fuze，它对于远程团队沟通非常适用。最简单的是 iPhone，如果只是通话，苹果自带的多人通话已经非常好用。对国内用户来说，微信群是多人工作交流时的不二之选。当然，合理设置群名称、有针对性地挑选置顶群是一门学问。

此外，我们还会推荐一些能有效提高单人和项目内部工作效率的工具。

表 4.5　有效提高工作效率的工具

功　能	工　具	介　绍
客户关系管理	MikeCRM	HighRise 在国内的速度实在是太慢了
财务管理工具	挖财	Mockup，Axure，POP
易耗品管理	R2	Teambition，Tower，Worktile，Basecamp，Asana，Pivotal Tracker，Trello
活动发布平台	活动行、Eventbrite	一个针对国内，一个针对国外
视频制作工具	Powtoon	傻瓜式视频制作工具
海报制作工具	Phoster，Canvas	一个是移动端，一个是网页端
后端开发服务	Kii	手机 App 后端系统整体解决方案
数据存储	云存储/CDN	又拍云、七牛、Amazon S3
Paas	—	Firebase，Leancloud，DaoCloud
用户管理	—	Mailgun，Mailchimp，SendCloud，SendGrid，Mandrill，MikeCRM
用户监测	用户数据统计、行为分析	Google Analytics、TalkingData、友盟、SiteMaster、MixPanel
第三方服务	支付、分享、推送	Stripe、Ping＋＋、个推、APICloud、ShareSDK
媒体推广	大规模获得投资人和用户的关注	TechIPO、游戏葡萄、Tech2IPO
后期融资	天使投资人、投资机构、股权众筹	创投圈、真股、36氪、小饭桌、以太、京东众筹
人才招聘	融资之后第一重要的事情	拉钩网、哪上班、100Offer

效率提高的关键点是学会说"不"。提高工作效率的目的是：争取更多的时间段，在状态最好的时间窗内，集中处理最重要的事情。学会拒绝，不要让不重要的人和事打断你。如果不确定，要有能力在最短的时间内做出判断，然后坚定地说"不"。

记得有人曾经和我说过一个比喻："一个好销售的核心能力，是能在最短的时间内精确判断这个人是不是值得花时间去争取的客户。"

推广

解决不了这 5 个问题，凭什么做一名合格的市场总监？

在所有总监这个级别的职位里，或许市场总监是最难分辨的人群。相比技术总监，他们没法聊代码贡献量；相比产品总监，他们没有原型、BRD（Business Requirements Document，商业需求文档）可以争论。不过，作为一个合格的市场总监，有数不清的原则、技能、方法、资源等可以去衡量。撇开这些术，我们今天来谈谈科学的市场部门工作机制要如何打造。

首先，百度百科上写着：工作机制，是工作程序、规则的有机联系和有效运转。工作机制是一个相辅相成的整体，贯穿于工作的各个环节。

市场总监的工作重点及核心：谁，负责什么，工作顺序是什么，KPI，时间规范。

"谁"的问题，所有的员工不能因事设人，而是因人排事。大部分公司招人，都会因为岗位的宽缺而招入个新脸孔。但实际上，因事设人的情况并不少见。

员工可以分为自主型、苦力型、按部就班型、投机取巧型、消极怠工型等 5 种类型，如何对待他们以及如何安排相关工作，就应有所区别。就拿投机取巧型来举例，这类人可以让他做更多创意类、商务拓展（Bussiness Development，BD）类工作（比如联系某大 V），并且用数据 KPI 考核他的创意效果。

在凯文·凯利的《失控》一书中，提到了 90 年代联邦制度与中央集权制的对比，美国作为联邦制的代表，在发展速度上远远超过了中央集权制的苏联，其中关于组织结构和权限划分的内容有着比较不错的参考意义。

中央集权制的核心是法无允许不可为。中央集权制作为一个人或少数几个人独裁的权力组织形式,虽然可能看似很高效,部门事情的分配也很细致,但每个小组、每个人都像一颗螺丝钉一样在工作,这样做会钳制他们的思想,压抑他们的创造力。

联邦制的核心则是法无禁止即可为。中央管理把控大方向和目标,每个员工都可以做自己岗位的主人,关键是完成自己的目标(KPI)。

首先,所有的工作都有目标,一般来说工作目标及计划是需要市场总监来拟订好的。在一个正常健康的团队中,1 年、6 个月、3 个月、1 个月及 1 周的工作目标都可以不断分解。那么这样的工作就非常有序,同时也知道现在是为了什么而工作。至于其中的优先级,则需要根据业务情况、团队情况等综合因素来考虑。通常情况下,这也是锻炼市场总监 Excel 软件的操作水平的时候了,做出一份老板能看懂、员工能理解的表格是一件非常考验能力的事情。

如果是小型公司的市场总监,依然建议使用最终转化率作为 KPI,因为团队人数比较少、业务结构比较单薄,所以每个员工都可以系统地知道公司在怎样运转,主要用漏洞模型来观察、检测、反馈工作与效果。

至于大中型企业的市场总监,由于团队人数、业务结构都相对复杂,那就需要对 KPI 进行定义。举个例子,比如某产品业务目标是获取相应流量,那么 UV(Unique Visitor,网站独立访客)数量、平均停留时长、各页面流量等都可以作为参考。

回忆一下,曾经的你最讨厌什么?那就是快到下班时间时领导说:"我们开个短会。"然后就是长达一小时以上的煎熬。那么,作为市场总监,如何安排好自己的日程并和大家的日程同步就很重要。主要的时间规范要围绕着开会时间、报告时间和工作完成时间。开会时间分为固定的开会时间和非固定的开会时间,主要用途是使思想、思维步调一致。

报告时间:在几点之前需要提交工作报告,主要用途是使工作进度步调一致。

工作完成时间:需要预留多久完成既定的发布内容,主要服务与工作效果,预留出时间以便有效调控或补救。

谈到这里,如何建立科学的市场部门工作机制的 5 个问题都已经聊完了,领导层不必事必躬亲,但必须说清楚你最关心的是什么,并把最关心的数据整理成表格,员工在达到领导目标的前提下,可以充分发挥自己创造力,这也是前文提到联邦制度的好处。

产品

2000 年,乔布斯正式以 CEO 的身份重返苹果公司。在最初的几年,他大刀阔斧地砍掉了许多产品线,而之后的几年则陆续发布了多款对苹果有重大意义的产品,分别是:2001 年的 iPod,2007 年的 iPhone,2008 年的 MacBook Air 以及 2010 年的 iPad(乔布斯于 2011 年去世)。

这四场发布会的视频可以在各大视频网站上找到。如果你认真回顾的话,会发现乔布斯在每次发布会上对这些关键产品的定义,前后的起承转合,有非常严密的逻辑性和说服力。乔布斯具体是如何思考用户痛点,如何看待市场,如何定义产品的? 这些产品对苹果为什么这么重要,最终又将如何改变人们的工作和生活?

2001 年:那是乔布斯还可以一个人 Solo 的时代

那是一个时代,乔布斯还可以一个人从头到尾(50 分钟)介绍一款新产品。

(1)给出定位:Mac 是未来个人数字生活的中心

乔布斯在发布会中提到,2001 年苹果公司发展战略的核心目标是:成为个人数字生活的终端。

但是要做到这一点,有一个前提:作为硬件的 Mac 需要有对应的同样优秀的软件相配合。这些硬件分为以下四类:照相机、摄像机、DVD 播放器、数字音乐播放器。相应地,苹果分别发布了四款软件:iMovie,iTunes,iDVD,Image Capture(后来的 iPhoto)。

乔布斯对于软硬件需要紧密结合的观点,参考了行业先驱艾伦·凯(Allan Kay)的著名言论:真正重视软件的人应当开发他们自己的硬件。

艾伦·凯提出上面言论的时间,比苹果公司发布 iPhone 的 2007 年早了 30 多年。

(2)提出问题:软硬件结合是否能提供更好的用户体验?

在以上提到的 4 个场景中,苹果的系列软件充分了解其他设备厂商的硬件;但反过来,这些硬件却对苹果的软件一无所知。如果有一款新的硬件设备能够完全了解苹果的软件,并且充分利用这些软件所带给硬件的特性,会不会带给用户更好的体验?苹果决定尝试一下,并且选择其中的第二个场景"音乐"。原因在于:

- 苹果热爱音乐,能进入自己热爱的行业是美好的。
- 所有人都喜欢音乐,意味着这是一个巨大的市场。
- 在数字音乐领域,目前还没有一个完全的领先者。

(3)给出答案:一款同时在硬件/设计/软件方面完全革新的产品

在数字音乐领域,目前有四种解决方案:CD,Flash,MP3,Hard Drive。苹果的选择是最后一种。并且苹果是唯一一家能够同时提供最好硬件(移动便携)、设计(产品易用)和软件(自动同步)解决方案的公司。

对于 iPod,你记得的是苹果的口号:把 1000 首歌放进你的口袋。

2007 年:iPhone,重新定义手机,领先行业 5 年

乔布斯在发布会开场的第一句话就令人印象深刻:

这一天,我已经期待了两年半。

(1)给出定位:苹果有幸参与生产多款改变整个行业的革命性产品

1984 年发布的 Mactinosh 电脑,改变了整个电脑行业;2001 年发布的 iPod,改变了整个音乐产业;2007 年发布的 iPhone,将要重新发明手机。

(2)提出问题:为什么市场上的所谓智能手机,既不"智能"也不"易用"?

我们对 2007 年 iPhone 发布会的印象,很大程度来自乔布斯在介绍 iPhone 前开的那个小玩笑。乔布斯一开始介绍说我们今天将要发布三款革命性的产品:iPod、手机和互联网通信器,并且不断重复这三款产品。最后大家终于发现,老乔要发布的不是三款产品,而是集这三款产品功能于一体的新产品:iPhone。

(3)给出答案:至少领先业务同行 5 年的终极数码设备

和 iPod 一样,iPhone 的整体革新也同样体现在设计、软件和硬件三个方面。对照一下,你就会理解为什么罗永浩在锤子发布会上的演讲顺序会是:工业设计、软件及操作系统、硬件配置。

对于 iPhone，你记得的是 iPhone 重新定义了手机，是一款至少领先同行 5 年①的终极数码设备。

2008 年：MacBook Air，这个星球上最薄的笔记本电脑

所有人都会记得，乔布斯把 MacBook Air 直接从信封中取出来的那个瞬间。

（1）给出定位：最好的笔记本电脑制造商是苹果

苹果的笔记本产品（MacBook，MacBook Pro），是业界其他厂商的标杆。

（2）提出问题：为了追求最轻的重量，是否做了太多妥协？

业界其他厂商的笔记本电脑，为了把重量做轻做了太多妥协。苹果的思考是，在追求最轻重量的前提下，能否拥有同样的厚度、屏幕尺寸、键盘尺寸和处理器性能，苹果能否做出同样甚至更加优秀的产品？

（3）给出答案：MacBook 家族的第三个成员

对于 MacBook Air，你记得的是苹果做出了这个星球上最薄的笔记本电脑。

iPad：介于手机和电脑之间的试验性产品

第一款 iPad 的发布，是在 2010 年。现在回过头来看，却发现乔布斯与 2001 年发布 iPod 和 2007 年发布 iPhone 时的笃定不同，乔布斯对于 iPad 的定义，更像是一款试验性的产品。

（1）给出定位：苹果是全球最大的移动设备制造商

"苹果是一家移动设备制造公司。这是我们在做的事。2010 年，苹果成为全球最大的移动设备制造商。"（Apple is a mobile devices company. That's what we do. 2010，Apple is the largest mobile devices company in the world.）

当然，这种说法里有一些歧义。苹果是拿自己整家公司和另外三家公司（索尼、三星、诺基亚）的移动事业部门做比较，然后给出了自己在销售额上已经成为全球最大移动设备制造商的结论。

（2）提出问题：手机和电脑之间是否还有空间？

几乎我们所有人都会使用手机和笔记本电脑，那么在这两者之间是否还有第

---

① 乔布斯在发布会上提到的领先同行 5 年，指的主要是 iPhone 的移动操作系统。——作者注

三款产品存在的空间呢？这个问题，也在某种程度上体现出，乔布斯自己对 iPad 的定位，是手机和电脑之间的试验性产品。

（3）给出答案：iPad 的发布

乔布斯对产品的思考和定义能力，是苹果产品成功的关键

我们把文章开头的问题重新拿出来，然后对应乔布斯在发布会上的阐述逻辑。

（1）对未来市场的思考

• iPod：每个消费者都喜欢音乐，这是一个巨大的市场，还没有出现垄断的品牌；

• iPhone：苹果原来从事电脑和音乐领域，新进入的移动通信领域是一个巨大的市场；

• MacBook Air：苹果原来从事电脑和音乐领域，新进入的移动通讯是一个巨大的市场。

（2）对用户痛点的思考

• iPod：用户需要更加便携、容量更大、更加便宜的数字音乐播放器；

• iPhone：市场上的智能手机，既不"智能"也不"易用"；

• MacBook Air：笔记本电脑为了做轻重量做了太多妥协。

（3）对产品设计的思考

• iPod：市场上需要一款软硬件紧密结合的产品；

• iPhone：结合了 iPod、手机和互联网通信器的终极数码设备；

• MacBook Air：这个星球上最薄的笔记本电脑，并且不牺牲性能。

（4）为什么是苹果

• iPod：只有苹果能兼具设计、软件和硬件的产品能力；

• iPhone：只有苹果能兼具设计、软件和硬件的产品能力；

• MacBook Air：只有苹果能兼具设计、软件和硬件的产品能力。

（5）对未来的思考

• iPod：改变整个音乐产业。

• iPhone：重新发明了手机。

• MacBook Air：未来个人数字生活的中心。

乔布斯对每款产品，都有非常全面和深度的思考，并且形成了一套自己的结论逻辑，最终反映在了苹果推出的产品上。我们在一次次被发布会上的某一个小瞬间感动到摇头或鼓掌的时候，更应该静下心来串联当年的乔布斯作为终极的产品经理，到底是如何思考和定义苹果的每款产品的。

他曾是这个星球上最优秀的产品经理。

管理

放权！3 步让你的 90 后员工动起来

现在很多公司的 CEO 在碰面时都会聊到，90 后员工真难管，简直是没法管。在这里，我分享一个实习生真实的案例。

前几年微博还挺热闹的时候，这位实习生每周都把下周日常微博内容用邮件的形式发给我审核。粗略地看，还挺认真的；但仔细看，错别字、语句不通、内容不符，各种毛病都有，简直令人抓狂。

这种情况听起来是不是很耳熟？如何解决这种问题呢？那么，我们先要找到问题的根本，那就是：谁是负责人？

在实习生写完所有内容，把文字发给你审核的时候，实际上也意味着作为市场总监的你是负责人，其中出了任何问题，责任由你来背，那么实习生的责任心当然不足。可如果让这个实习生作为负责人呢？只需说明出了错员工自己负责，他就会更加认真、仔细，每次写完内容都会自己检查两三遍，随后才提相关人员审核，毕竟大家都不想背负后果。

从市场总监负责到员工自己负责的过程，就是放权的过程。现在大部分 90 后员工，如果自己在工作中没有成长，就会觉得没有成就感和存在感，对于你来说，可能并没有把他的价值发挥到最大。作为市场总监的你或许可以尝试以下几个步骤。

大部分员工吐槽市场总监，主要都集中在标准规范的缺失，比如什么叫"走心"的文案？什么叫有意思的图片？什么样的数据是需要监控的？这就是我们所说的,标准规范需要做好。

文案调性

如果是一个文案创作人员,那么文案风格和有理有据这两条是尤其需要注意的,如果文案风格靠积累,那么有理有据则是后天可以练习的。

举个例子,"本站售卖苹果纯天然,无污染。"那么,什么叫纯天然呢? 就是要拿出可以让读者信服的理由和证据。比如:"本站售卖苹果纯天然,方圆五千米内没有任何工厂,并且使用来自××的清澈水源灌溉。"

数据规范

每个内容创作最终要给读者、粉丝、用户等去阅读,并且要能对你的产品、业务产生影响。其中如何定义数据监测点、数据转化率等,要用表格、图形或其他你们能沟通的方法来规范。

工作方法

记得以前有个员工,做了个无比丑的 H5,后来我发现其实他不是做不好,而是不会用某些 H5 工具。所以在必要的情况下,你可以简单提示一下工作方法,或者告诉他哪里去找教程,这样结果才不会离你的要求特别远。

工作 KPI

什么时间、完成什么任务、达到什么效果,这些都是营销过程中比较重要的 KPI 规范,所以在奖惩分明的同时,要对这些时间、任务、效果进行确定,如果是自主型员工,那么可以多压一些 KPI;如果是按部就班型,则可以稍微提高一点点 KPI。

如果 1~2 个月后,员工能达到你的合格线了,那就可以适当放权了。这时候需要逐步切换,可以这么说:小王,现在你的内容制作已经相当不错了,那么接下来,你可以自己进行文案创作及制作了,负责人是你,如果有问题就提出来,拿捏不准可以来问我,但我不再进行修改。

当然,在员工自己变成负责人的时候,初期可能会有些不适应,比如时间把握不好,这个是需要时间来适应的。在这个时候,作为市场总监的你也要非常清楚,员工的脑袋不是你的脑袋,他不可能做到和你一模一样。

　　在员工不断自我摸索的过程中,会非常快速地成长。当你可以完全放心地把事情交给他的时候,那就不要犹豫了,直接告诉他:我相信你把这件事情做好,所以你直接告诉我效果即可。如果需要什么支持或者什么协助请提出来。当然如果有任何其他建议的话,也要分享出来。

　　这就是一个合格市场人员的培养过程。在这个过程当中,你也许会抱怨:你怎么就不能写个走心的文案呢? 这个时候你就得想想,是不是真的解释过什么叫"走心",有没有教过他们如何写出"走心"的文案呢?

章节延伸阅读一

专访 ONES Idea 和 ONES Ventures
创始人、ONES Piece 发起人任宁

与任宁的对谈我很早就想做,无论是基于个人还是公司品牌(ONES 与 STO-RIES),在气场上都感觉到相似而默契。

好的对谈先要有好的提问。如果两个人太熟,那问出的问题要么太深、要么太假;如果两个人太陌生,则问出的问题又会太浅。所以好的对谈,两个人或两个项目之间应该保持一种若即若离的关系。借着对话的机会,也可以解答一些我们心中的问题。以下的对话,我们用"S"指代"STORIES",用"R"指代"任宁"。谈话内容主要分 5 块:(1)个人经历;(2)ONES Ideas;(3)ONES Ventures;(4)ONES Piece;(5)奋斗与未来。

个人经历

S:任宁,先大概介绍一下你自己吧。

R:我是一个想法很多的书呆子。由于是文字访谈,所以接下来我会放肆展现书呆子的特点。

S:关于你的个人介绍,我们看到的关键词有:读书、体育、旅行、思考、电影。每个关键词的背后我们应该怎样解读?

R:罗伯特·波西格在《禅与摩托车维修艺术》里提出了"古典"和"浪漫"两种思维方式,或许我们可以粗浅地把它们分别贴上"理性"和"感性"的标签(虽然实际上不止于此)。我自诩能够在这两种思维方式之间转换,觉得世间万物都很有意

思，并且深深地为科学背后的诗意和艺术所包含的秩序所着迷。如果非要"解读"，那么借用王小波的说法，以上这些都是我从混沌中发现智慧的方式。

说人话，就是我觉得什么都很好玩儿。

ONES Idea

S：大概介绍一下 ONES Idea 吧。

R：ONES Idea 的最终形态，会是一家从事设计和品牌塑造的社会性创新公司。我们通过观察人们的行为、探寻市场的潜能、分析社会的动向来为创业创新公司提供推广咨询与方案执行。ONES Idea 的内部共识来自让雅克·卢梭的《社会契约论》，即"自由""民主""平等"。我们不设独立办公室，在所有桌椅下装上轮子，鼓励全体员工以动态方式共享所有空间，最大限度地交换灵感、技巧和构想。

我相信"仁"是设计师式认知的核心。说起"仁"人们往往联想到"慈悲"和"侠义"。但它的真正意思是"敏感"或"同理心"——成语"麻木不仁"可以很好地解释这个内涵。从这个角度来思考，传统文化中的"仁者爱人"（《论语·颜渊第十二》）与"仁者无敌"（《孟子·梁惠王上篇》）可以联合解读为"分外注重他者感受的人才能真正体会大爱，最终赢得人心"。所以，"仁"意味着以己度人。在其代表作《文明的进程：文明的社会起源和心理起源的研究》一书中，诺贝特·埃利亚斯考证出，文明脱胎自礼貌。而"礼"则是"仁"在群体中的一种体现方式——无论是见面微笑还是扶住弹簧门使它不致击打到身后的路人，无论是在公共场所不大声喧哗还是让座，都是一种出自对他者的考量，意味着站在不同于己的立场来审视问题并且发掘他人的核心需求。

应用在设计上，"仁"则化身为在出入口加铺轮椅坡道，抑或设置一个较低的洗手盆方便孩童使用。我相信优秀设计能够体现并且提升一个社会的文明程度（就像好的创业创新公司一样）。而作为"社会的器官"（管理学家彼得·德鲁克语），任何企业的首要责任都是为社会整体进入更高层次而贡献自身能力，从而获取利润。所以，我们不遗余力地开展设计创新，并为能够改变人们的生活而感到无比自豪。

ONES Ventures

S:ONES Ventures 与市场上其他的风险投资基金相比,在投资理念和投资方式上有什么差异?

R:很惭愧,我并不了解所有其他风投伙伴的行事作风,但我相信其实较真做事的人,理念都是类似的,无论是投资还是创业。ONES Ventures 规模很小,才刚刚够上能被称作一个"基金",所以无论市场整体是寒冬还是盛夏,我们都会以极其谨慎的态度对待投资这件事。也正因为如此,每一个投出去的案子我们都会非常珍惜,ONES Idea 也会提供设计服务和品牌方面的支持。

非要说有什么与其他基金公司都不一样的地方,也许是我不喜欢在谈论创业公司时用"项目"这个词。"项目"本身就蕴含了"短期、暂时"的意思。我认为创业是一项长期的事业。项目可以停止、可以废弃,而事业不能。事实上,把自己在做的事称为"项目"的创业者发来的商业计划书,就我目前有限的经验阅历来看,不管是形式还是内容全部都很糟糕。这更加验证了我的看法。

S:介绍一下 ONES Ventures 的合伙人吧。

R:有兴趣的同学请上我们的官网(www.weareones.com)查看,我在这里就不一一介绍了。总的来说,我们很幸运,能找到几位有创业背景、国际视野和坚持精神的年轻人作为伙伴。

S:有没有一些已投的案例,以及背后的故事可以分享?

R:我们和所投的创业者都是朋友,有很多故事可讲,而喜柚算是最有代表性的一个。ONES Idea 除了为它提供了非常有意思的平面、视频和品牌服务之外,我作为投资人也担任了代理 CMO(Chief Marketing Officer,首席营销官)的角色。具体我们做了些什么,可以参见喜柚的网站(www.xiutime.me)。我的简书主页上面有《时间时集》,是以投资人角度写的众筹日记,共有 40 多篇。

ONES Piece

S:ONES Piece 是由你发起的一个非营利性翻译计划,你怎么会想到做这个的?

R:其实也没有"发起"那么严肃……这只是一个兴趣项目。互联网上的中文内容的质量比英文内容要低得多,而我一直喜欢阅读和写作,以前在译言网翻译英国《卫报》的项目中磨炼过,也有几位好朋友愿意以志愿的形式一起来做这件有意思的事儿,所以 ONES Piece 就诞生了。

S:为啥叫这个名字呢?

R:具体有这么几个原因:《海贼王》的英文名和里面的大宝藏都叫 One Piece; Piece 有"一篇文章"和"缝补拼接"的意思,跟"翻译"很契合;我们在做的事,其实也有点海盗式的放肆。

目前我们的"Piecers"(ONES Piece 的员工)分布在上海、香港和悉尼,通过远程协作交流。我们翻译出来的作品无偿地向媒体供稿,也欢迎转载和分享。希望更多读者和译者能参与进来。

关于折腾与未来

S:ONES 旗下 Ideas,Ventures 和 Piece 之间是否有某种程度的关联?

R:这三者(以及未来的计划)都是独立的,并没有一个"母公司",故我倾向于不使用"旗下"这样的概念。我认为"价值交集"是更准确的描述。如果 ONES 能以"创新""热情""谦逊"和"认真"等世界共通的价值观吸引更多的伙伴一起工作,那我会非常高兴的。至于名字前面是不是有 ONES,其实并不重要。

S:我们看到 ONES 是一个分布于多地的品牌,在上海、杭州、绍兴、洛杉矶都有工作人员。该如何平衡异地团队和项目之间的关系?

R:我们在北京和旧金山也有驻地代表与战略合作伙伴。你提到的这四地分别对应负责风险投资、视频摄制、平面设计和电影创作的团队，也分别有负责人来管理，我主要担当日常的统筹协调和长远的整体规划。远程沟通的成本天然地会比较大，但我非常看重分布多地及其随之而来的内部多样性。单一是无聊和麻木的前奏，只有丰富多样的文化才能激发出最厉害的想法。

　　S：未来还有哪些想要做的事情或想要折腾的项目，将会出现在 ONES 旗下？

　　R：未来总有不确定性，但我一直想跟 STORIES 一起做一个很棒的孵化器！另外可以肯定的是，接下来会与更多的设计公司、风投基金和媒体机构合作，参与到有意思并且有意义的事情里去。

章节延伸阅读二

时间出租并不是另一种形式的共享经济

随着"互联网+"时代的迅速风靡,越来越多的传统行业受到互联网思维的影响,或转型,或合作,或不屑。现如今想做平台的互联网项目层出不穷,它们希望通过搭建各式各样的平台来连接上下游,进行对接。

传统的一些咨询外包服务也在发生着改变。上游的服务提供者的出发点各不相同,造就了不同风格的平台:无私分享自己技能经验的简书出租时间,在消耗自己时间的同时想要得到一些回报的在行,以及单纯为了兼职赚钱的 Freelancer,TaskRabbit 等。

如果我们把所有与时间出租有关的项目从左往右三等分,处在时间线最左侧的项目,我们将其定义为纯粹的经验分享,他们走在分享精神的最前沿,更注重经验知识的分享,不太重视财务回报。处在时间线最右侧的项目,我们将其定义为纯粹的自由职业劳务外包,它们拥有一定的知识经验和技能,并且希望利用这些换取财务回报。处在时间线中间的则是处于两种目的之间的项目。

简书出租时间:走在分享精神最前沿

简书是一个将写作与阅读整合在一起的网络产品,旨在为写作者打造最优秀的写作软件,为阅读者打造最优雅的阅读社区。

简书的界面非常简洁,在写作方面最大的特色是支持 Markdown 功能,希望为作者制造出一种沉浸式的写作氛围,专注于写作。简书出租时间是 2015 年 6 月由简书 CEO 简叔首先发起的一次首页活动,随后简书中的各路大咖们也纷纷效仿,出租时间文章内有作者的一系列资料介绍、所擅长的领域以及定价。一般都会有线上线下两种方式,定价完全由作者自定义,通过微信扫码付款下订单。

这应该是简书一次有趣的尝试,简书上并没有专门推出专属的版块,仅仅是一篇文章、微信支付,就让咨询这项业务办起来了。用户可以通过文章来反馈详细的租后感,贯彻了简书为写作而生的特质。对于编辑来说,如何筛选这类文章暂时没有一个很好的标准,目前多挑选简书上的推荐作者。

2014年7月,简书获得500万元天使轮投资。目前,简书出租时间仍处于尝试的阶段,出租时间的大咖多数是出于好玩或者响应简叔的号召,收费也基本是象征性的(远低于"8点后"的线上咨询费用),同时避免无聊浪费时间的情况出现。从质量上来说,目前都是比较高的,在简书这个平台的推荐作者或者活跃用户本身有一定的文学气质,这也会从某种角度上优化两者之间的谈话气氛,并同样用文字来诠释租后感,同时再分享给他人。

在行:身边的行家牛人

在行是果壳网①的孵化项目,于2015年3月正式运营,由果壳网创始人姬十三亲自督导。

在行是一个全新的经验交流平台。当你遇到任何领域的问题,都可以在这里找到合适的行家,交付一点费用,获得与行家一对一见面交谈的机会,让行家为你答疑解惑、出谋划策。在行是基于解决"个性化问题"而存在的平台,告别了传统人情式的经验分享模式,突破了个体有限的熟人圈子,让你获得最大化的智慧共享体验。

在行希望用共享经济的理念改善知识服务的效率,打造一个社会化的个人智库:专业人士利用闲余时间分享自己的经验,获得实际收益同时助人之乐;用户面对问题时无须独自苦苦摸索,通过一场"在行式的交谈",获得专业人士点拨,轻松解决。

在行的整个产品界面做得比较干净,分类明确,目前在北京、上海、深圳、杭州

---

① 姬十三为果壳网创始人兼 CEO,神经生物学博士。生于舟山,现居上海。果壳网是开放、多元的泛科技兴趣社区,并提供负责任、有智趣的科技主题内容。已获挚信资本等知名 VC 机构投资。——作者注

提供服务。基本流程是：找行家、约行家、见行家。要成为平台"行家"除了提交申请以外，还要经过在行顾问审核确认。平台对于行家的收益不会收取手续费。

目前在行并无融资消息。

本质上，"在行"与"8点后"很相似，不同的是"8点后"是线上咨询而"在行"是在线下交流；"在行"无手续费，另外也没有3块钱小纸条的提问功能；在检索排序方式上，"在行"要更合理一些。

Freelancer：兼职自由职业者的天堂

Freelancer是一个全球外包网站，成立于2009年，总部位于悉尼，在温哥华、伦敦、布宜诺斯艾利斯、马尼拉和雅加达设有办公室。其刚成立不久就收购了同类公司GetAFreelancer。从那时开始，它就一直积极通过收购来扩张在全球的势力范围，收购的公司还有位于加拿大的同行对手Scriptlance，美国的EUFreelance和LimeExchange。此外，该公司还收购了Rentacoder和vWorker。有意思的是，它在不断收购公司的同时，也成为其他公司的收购目标。据报道，2013年9月，一家同样在准备上市的日本人力资源网站Recruit Co.对其发起了4亿美元的收购要约。

在Freelancer上，注册会员能免费发布任务广告进行招标；同样地，如果认为自己能提供类似服务，只要注册会员进行投标（必须写上投标价格、具体实施方案，可能的话还要提供以往作品或案例供买家参考），买家在对比各个服务提供者的资历和之前作品后做出选择，把协商好的任务款交给Freelancer.com托管（和支付宝类似）；接着任务就进入实施阶段，双方进一步联络沟通（Freelancer.com会发送买家的email地址给卖家并同时提供一个双方私下交流用的信息平台），当卖家向买家提供了合乎先前要求的服务或作品后，该项目宣布结束，买家同意后才会将款项支付给服务提供者。

任务发布者和接活的人都以个人居多，小型任务占多数，任务款也就比较少，以50～100美元和100～300美元这两个区间为主，任务内容比较多样，从专业的编程、网页设计、专业文章写作到基础的文字输入和翻译等都有。

接活的人，有免费会员和黄金会员的区别，免费会员不收会员费，只在你接活成功后抽取 10% 的任务款作为提成，并且最多投 8 个标。黄金会员需每月支付 12 美元的会员费，不需抽取提成，每月最大投标数提升到 150 个，投标更容易被项目发布者选中。

Freelancer 的网站界面比较简陋，但各个功能使用起来简单方便。它适配多种语言——英语、中文、德语、法语、印度尼西亚语、意大利语、波兰语、西班牙语、荷兰语、菲律宾语、荷兰语等。

Freelancer 的融资情况是：

• 2013 年 10 月 15 日，公司向澳大利亚证券交易所提交了首次公开募股文件，计划融资 1500 万澳元（约合 1420 万美元）。另外，他们将以每股 0.50 澳元的价格向公众公开发售 3000 万股新股。据该公司提交的 IPO 申请文件显示，该公司的估值为 2.18 亿澳元（约合 2.06 亿美元）。

• 2013 年 11 月 22 日，Freelancer 在 ASX 上市。代码：FLN。

Freelancer 是一家奇怪的公司，在它首次公开募股之前，找不到它的任何融资情况，但是它看上去很有钱，一直在"买买买"，收购了 10 家同类型的公司。它进入一个新市场的策略就是收购一家当地同类型的公司。总之，这是一家神秘又有钱的公司，并且它现在仍然很活跃。

时间出租并不是另一种形式的共享经济

以上谈了那么多与时间出租和短期咨询有关的项目，我们真正想表达的是：时间出租其实并不是另一种形式的共享经济。

在所谓的共享经济领域，我们已经看到非常多的项目：交通（Uber，Lyft，SideCar）、住宿（Airbnb，HomeAway，CouchSurfing）、金融（Kickstarter，Kiva，Indiegogo）、职业教育（Instructables，GitHub）、办公空间（ShareDesk，LiquidSpace）等领域都存在许多案例。

我们先抽象出来看整条产业链上的关键点：资产（住宅、汽车）、业主（产权方）、场景（沉默成本）、动作（开放使用权）、承租方（使用权和商品价值）、回报（经济价值和社会价值)；然后再串联起来看：业主是资产的产权方，资产在某段时间内展示出的特性是沉默成本，业主的动作是在某段时间内开放资产的使用权，承租方获取的是使用权和商品价值，业主获取的是经济价值。

我们尝试把以上逻辑放在时间出租的项目上：资产(时间)、业主(专家)、场景(无法定义沉默成本)、动作(开放空余时间)、承租方(需求方)、回报(经济价值和社会价值)。共享经济中有很重要的一点，就是资产在某段时间内的价值是无法被利用的，即成为沉默成本。而反观时间出租，业主是人，资产是时间，我很难想象人的时间在某段区域内是沉默成本。怎么解释这件事情？大部分的专家和经验分享者在一般情况下都很忙。工作时间不言而喻，下班时间要么陪伴家人，要么充电提升自己，即使在闲散时间也会刷刷微博或朋友圈。总体而言，人的时间无非都是投入在工作、家人或自己身上，我们只要睁开眼睛做某件事情，就会产生或多或少的价值。在这么一个上厕所都要刷微信、洗澡都用来找灵感的时代，不存在有沉默成本的时间段。

这表明，在整个时间出租的共享经济环节中，最重要的场景一环是不成立的。作为时间出租方，既然无法界定出哪块时间段是无用的，自然无法完成出租时间的闭循环。但是这并不是说时间出租不成立，只是不要把时间出租套在共享经济的界定里面。在本书一开始罗列的时间线的两端，时间出租仍然是成立的：出租时间获取经济回报，出租时间获取新的朋友；一种做法是生意，一种做法是社交。如果是生意，就要界定清楚任务需求、完成时间、交付产品、经济回报。这类生意简单、干净、离钱近。如果是社交，就要回到我们在其他文章中提到的人性的阴暗面以及深藏在产品背后的那些非理性的用户。是社交就要面对窥探(Snapchat)、欲望(陌陌)、炫耀(朋友圈)、懒惰(工具类 App)。

CHAPTER FIVE

第五章

创新的智造:智库型孵化器的崛起

为什么几乎所有号称再造"硅谷"的计划都失败了

大家都在谈论创新,但到底如何才能营造出一个创新的氛围——无论是在一个小项目团队、一家创业公司内部,还是一个地区甚至是一个国家? 这是一个困扰很多人的终极问题。

有些人说,创新是可以通过积木式的资源累积培养出来的。另一些人则说,创新在本质上和天才一样,是可遇而不可求的。我们觉得,创新是不能制造的,但是可以智造。这两者之间的区别在于,智造需要具备多方的资源储备,采用一种合理的架构和组织模式,并且有足够的耐心去等待和培养。

创新生态是"长"出来的,不是"建"出来的

大多数人在讨论硅谷生态成功的原因时,注意力都放在政府的政策支持,场地的投入、风险投资的成熟和学校的参与上。我们有太多案例都证明,即便拥有以上全部条件的城市或园区,复制硅谷的计划都失败了。如果政策、场地和资金真的起决定性作用,那么地球上就不会只有一个硅谷。

一切资源都是重要的,又都是不重要的。通过拔苗助长,你可以快速学到表面的东西。但是内在的灵魂,是无法简单习得的。灵魂是你自己独特的内在,借鉴和学习只是第一步,辛勤地工作、不断地反思、沉淀以后的抽象才是关键。灵魂是需要时间逐渐培养和生长的。短期内,你学到了外在,却学不到灵魂。

你永远也不知道下一个颠覆你的对手是谁,大多情况下不是你眼下盯着的竞争对手。但是这并不意味着所有的事情都无章可循。在形成珍珠的过程中,在形成每一层珠贝时所沉淀下来的技术,都是该产业下一代技术所形成的基础。

大部分复制硅谷失败的原因,都是对人才与软性服务不够重视[①]

在《投资未来,必先通晓过去》一文中,总结了硅谷核心的三要素:科技、文化、金融。简单来看就是 Vision(远景),Version(版本)和 Bullet(子弹)。文化是 Vision,给你一个远大的目标;科技是 Version,给你具体做的事情;金融是 Bullet,在实施过程中给你足够的弹药。当然,三要素的核心是能够吸引并且留住最优秀的人才。硅谷良好的经济环境依赖于它能够将世界上最灵光的头脑都吸引过来,这就形成了硅谷不停地自我更新和自我革命的动力源泉。其中,能够自我更新和自我革命是关键,同样适用于所有创业公司或大型互联网公司。

大部分人都希望用钢筋水泥再"建"一个生态。其实你要做的只是,给予有知识结构的人才自由生长的可能性。关键是人的知识结构,而不是钢筋水泥。

为什么人的因素在创建生态过程中如此重要?

史蒂夫·乔布斯曾说:"我发现,一个最优秀的人,完成工作的能力能抵 50~100 个一般水平的人。"

如今的时代,是一个产品和服务过剩的时代。与之前的几十年不同,上游的资源和牌照已经无法形成垄断和差异。剩下的,只有中游的"产品"和下游的"渠道"。差异化的核心在产品(服务),产品的核心在团队,团队就是人。

没有行业能真正形成壁垒

想想埃隆·马斯克在做的几件事情,如果放到国内一定有很多的争议,类似"你这个国家都没有开放权限,能不能申请到牌照,技术上有没有可行性,能不能商

[①] 本书的很多想法,来自在 Medium 上很火的一篇关于硅谷历史的文章 *Why Silicon Valley Will Continue To Rule?* 很多人把篇名翻译成"投资未来,必先通晓过去"。

业或民用化。"但是马斯克用实际的产品和客户堵住了所有人的嘴。

现如今,已经很少有能够通过控制上游资源来控制产业的项目。吸引更好的人才并留住他们,设置合理的激励机制激发人才的主动性和创造力,实现产品和服务的差异化,通过外部投资加速占据市场份额的速度,最后通过成熟的资本市场实现退出。

你可能已经错过了时间窗

评论 YC 的一篇著名文章《YC:一个投机主义者的自我修养》中曾提到:"YC这种投机模式的根基在于整个市场尚处于开荒阶段,巨头尚未成熟,你要抢在它们前面占住一些它们看不上的领域,守株待兔,总有一天它们的业务面会覆盖到你提前关注的领域。然而,这种游戏正在逐渐向零和游戏过渡。"

硅谷的发展同样如此,你也许可以学到硅谷历史上科技、文化和金融相关的经验,但却无法复制 20 世纪 60 年代硅谷起步时的整体环境,尤其是那时的科技荒蛮、人口结构和文化差异。你可以复制经验,却无法复制环境。

YC 可以看作硅谷的一个小版本的缩影。YC 的成功固然依赖于他独特的创始人资源和运营手法,但同样依赖于 2000 年互联网科技泡沫以后的整体环境。

如果你错过了短暂的时间窗口期,你可能就错过了整个大的机会。

没有答案的结尾

如果你希望看到提纲式的总结,通过一两句话给大家一个解决方案,那么我们一定会让你失望了。我们没有这个能力,也不认为世界上存在这样的解决方案。

我们只是简单地认为,对于所有希望创造一个更加适合创新生态的人来说,需要保持对新鲜事物与变革的理解、渴望和拥抱,并外化成行动力。

人类历史上那些驱动创新的机制

军工实验室　学校实验室　企业研发中心　企业战略投资　新型孵化器

图 5.1　驱动创新的机制

几乎每 10 年就有一家伟大的公司诞生

所有人讲到创新，就会想到硅谷。如果我们把时间拨回到 20 世纪 50 年代，即二战之后不久，从那个时间点来看这几十年的科技创新和变化，你就会发现，几乎每 10 年就有一家伟大的公司诞生。从 50 年代制造仪器仪表的施乐，60 年代生产微芯片的摩托罗拉，70 年代生产个人电脑的英特尔，80 年代著名的微软，90 年代的搜索引擎之王谷歌（Google），到 2000 年的社交软件 Facebook，2010 年的阅后即焚（Snapchat），2015 年的虚拟现实设备 Oculus Rift。

著名的写硅谷史的作者莱斯利·柏林（Lesile Berlin）在 Medium 平台上发表了一篇文章，讲述了过去 40 年左右的硅谷史，文章翻译成中文叫"要想投资未来，必先了解过去"。

为什么要创新？

我们先回到一个最基本的问题，最近几年许多人在讲创新和创业，但为什么要创新呢？其实抽象看，创新的主体无非是"企业"和"个人"两类。大型企业追逐创新，是为了追求商业回报，需要持续赚钱。个人追逐创新，是为了实现个人价值，是要改变世界。

唯一不变的就是变化本身

从硅谷过去几十年的企业发展史来看，我们可以先给出一个简单的结论，那就是唯一不变的就是变化本身。IBM 曾经是那么巨大且常年屹立不倒的企业，涉足多条业务线。1984 年，苹果的创始人乔布斯因为要发布进军个人台式机领域的产品 Macintosh，在 IBM 总部的楼下对着巨大的 IBM Logo 竖起了中指。之后的发展大家都有目共睹，苹果从个人台式机领域开始，涉足手机、音乐、手表和耳机等多个产业。品牌名称也由最早的 Apple Computer 变成了"Apple Inc."。IBM 则把旗下的台式机业务部分卖给了国内的联想公司。

iPhone 无疑是目前高端机行业的老大。但其实就在 2007 年之前，移动终端行业诺基亚才是当时的老大。并且诺基亚在它的研究院推出了非常类似于现在 iOS 操作系统的移动端操作系统 Myorigo。可惜，最早的移动端操作系统永远留在了诺基亚的研究院内。而乔布斯则带领着 iPhone，从 2007 年开始逐渐抢占了手机市场的份额。

我们看整个人机交互设备发展的历史，从 IBM 的大型机，到 Wintel 联盟时代的个人电脑，到苹果时代的手机，直到我们现在热点追逐的虚拟现实概念。几乎每 10 年，就有一家新的企业，带着新的产品和技术，颠覆上一代最伟大的公司。

第一代：军工实验室的历史

接下来我们看看硅谷从 20 世纪 50 年代至今的发展历程，重温它的光荣与梦想。硅谷最早追逐创新的机构，其实是在国防和军工体系之下的，最早美国国防部下属有一机构叫作国防高级研究计划局（Defense Advanced Research Projects Agency，DARPA），目的是在二战之后的冷战时期，为了保持美国在军事工业领域的领先地位,每年有一定的资金拨款用来进行军工装备的研发和制造。其中的一部分就给到了 DARPA 这个部门。我们现在使用的 GUI 人机交互系统,其实最早的研发使用场景,就是 DARPA。

第二代:理工院校的诞生

麻省理工学院、加州大学伯克利分校、斯坦福大学,国内的学生对这三所学校都耳熟能详。其实在二战之后,这些学校的一些实验室和学院承担了很重的国防军事领域技术创新的工作,麻省理工学院是二战后全美最大的战事研发商。伯克利大学的劳伦斯放射实验室几乎承包了美国的原子弹的研发。斯坦福大学工程学院的院长弗里德里克·特曼(Frederick Terman)被誉为硅谷之父。继 DARPA 之后,美国将部分创新的底层技术开放并与学校进行合作,促进了部分理工院校的发展。

第三代:企业研发中心

70 年代的人们,很多都听说过施乐的 Palo Alto 研发中心,80 年代的人们,很多都听说过贝尔的贝尔实验室。正是这两个实验室,研发出了打印机、鼠标、手机和晶体管等影响后人的多项发明。刚才提到的特曼教授,正是他带领学校内的教授,带着他们的创新成果,鼓励教授将它们转化为实际产品。特曼所在的斯坦福大学,创始人并不是斯坦福,但是正是由于他的捐赠,才有了之后学校的发展。斯坦福在去世前,有一个嘱托,即学校的土地必须保有,之后不能变卖。这给特曼出了一个难题:土地不能买卖,学院有很大一部分资金缺口,怎样支持学院继续发展呢?特曼想出了一个办法:虽然土地是不能交易的,但是可以租赁啊。从此,特曼鼓励斯坦福大学的教授,带着他们的研究成果,来到学校旁边的大楼,或者我们现在说的科技学区内,在那里组建公司,尝试把技术转化为产品。所以到现在为止,斯坦福大学旁边的科技园内,依然不断涌现出非常多的新创企业。

第四代:企业战略投资部

讲到企业,目前全球市值第二(仅次于苹果)大的高科技公司谷歌,最早也是学校内的实验项目。两位创始人拉里·佩奇(Larry Page)和谢尔盖·布林(Sergey Brin)也都是理工科背景出身。我们来看下谷歌作为企业,是如何促进企业内部创新的。其实谷歌内部有两大实验室，Google Labs 和 Google X Lab。Google Labs 由目前谷歌的 CEO 拉里·佩奇负责，主管所有和 Google 现有主营业务有关的产品，包括搜索、Android、YouTube、地图和浏览器等。而 Google X Lab 则由另一名创始人谢尔盖·布林带领，负责所有和谷歌未来有关的业务，包括：Project Loon、Project Ara、无人驾驶汽车等。还有很多项目处于内部封闭开发测试阶段，没有对外公布。在 Google 的整体战线上，Google X Lab 主要负责创新产品的研发，而面对外部的新创项目，Google 也有所准备，那就是通过 Google Ventures 的早期风险投资或者 Google Capital 的中后期战略收购来进行覆盖。

第五代：完全市场化的孵化器

而最后，就是我们耳熟能详的完全市场化运营的孵化器 YC。目前硅谷很多的新创企业，并不是从传统的国家、军工、学校或企业内诞生，而是从这类市场化运作的孵化器内走出来的。

创新趋势的变化

我们从 1950 年讲到现在，从国家军工实验室讲到最新型的孵化器，目的是想追溯历史，来看下所有这些驱动创新力量的源头，从过去到现在都发生了哪些变化？

纵观过去，我们可以看到两点变化：(1)驱动创新的力量正在变得越来越开放，从国家手里到学校手里，再到企业手里，最后到市场手里。(2)驱动创新的力量正在变得越来越小单位，最早的创新由于需要大量的资金，所以都需要国家统一出资研发，之后的创新来自企业内部的研发经费，而现在的创新大部分都是轻资产的项目，单笔投资金额都在百万、几十万甚至几万元。所以我们看到，参与方由国家和学校，变为了投资机构甚至身边的亲戚和朋友等。

这是一个不可逆的大趋势！

驱动创新，就是创造环境

创新，是"智造"出来的

我们国家现在面临制造业的转型升级，所以大力推动创新和创业。多数人认为的创新，可能是某个天才型人物在辛勤努力之后的灵光一现，和我们所理解的制造业里一板一眼的工作无关。

创新的生产资料

但如果换一个角度考虑，传统的制造业都是需要环境的，或者说生产资料，需要供应商、原材料、流水线和作业工人。同样，创新也是需要环境的。环境包括时间、地点、人物（开发、运营和推广人员）；生产资料还包括办公场地、政府政策等。

从这个层面理解，新型行业的创新和传统的制造业一样，都是需要生产资料和生产环境的。

你无法制造创新，但可以创造环境

"没有一个艺术家平日一天二十四小时始终是艺术家的，艺术家创造的重要的一切，恒久的一切，总是只在罕有的充满灵感的时刻完成的。"

确实，和作家茨威格在《人类群星闪耀时》一书里所述的一样，人类发展过程中那些伟大的创新,很多都是在发明者非常年轻的时候做出来的。而且,很多都是不可预计的,或者说在当时来看根本就是一个错误。从结果来看,你确实无法预先估计,因为创新是一个不可控的结果。但是我们可以控制生产资料和生产环境,可以制造环境。

你不能准确估计一颗未知的种子会开出什么花。但你要做的并不是预测,而是去种植一片森林,然后等待花开。

创新的最后,是组织结构的重组

创新的最后,比拼的不是谁拥有的科学家数量更多,谁的高科技院所更多,谁的投资资金体量更大,而是谁的组织结构更加适合创新。健康的组织结构,就是创新这片森林里最好的土壤。

投资早期项目的孵化器，自己也可以被投资

大多数人印象中的孵化器,主要功能是投资早期项目,并且提供包括场地、导师、政策对接在内的各项服务。而孵化器本身也可以被投资。这里的投资并不是指孵化基金,而是孵化器本身的实体公司。孵化器融资,一般用于两个实体:孵化器运营公司和孵化器投资基金。而一直被混淆的两个概念是,资金投资的实体是运营公司还是基金公司。硅谷孵化器的融资方式和融资渠道,大多来源于:天使投资人、VC 和 PE。投资形式也比较多样,如股权、债券和授信。

下面,我们举一些获得外部投资的市场化孵化器的案例。

Rock Health:医疗(机构主体)

Rock Health 的融资主要来源于一些主打医疗健康领域的基金和公司。耐克自己在移动医疗领域就有所建树;Accel Partners 是世界五大风险投资机构之一,实力雄厚,重点关注移动医疗领域。高通(Qualcomm)热衷于投资初创企业,移动医疗很大一部分需要与硬件相结合,高通希望投资未来的客户加大合作力度。通用电器(General Electric,GE)的后续跟进再一次验证了业界对移动医疗领域多数是看好的,而 Rock Health 作为专注此领域的孵化创业公司,在这样一个市场利好的情况下,势必会快速崛起。

Rock Health 的融资情况为:

• 2011 年 1 月 4 日获得来自 Qualcomm, California HealthCare Foundation, Nike, Mohr Davidow Ventures, Aberdare Ventures, Accel Partners 的第一轮 50 万美元融资；

• 2012 年 4 月 1 日获得第二轮 50 万美元融资；

• 2012 年 4 月 1 日获得来自 General Electric, Merck & Co., Genentech, United Health 的 400 万美元融资；

• 2011 年和 2012 年的融资主要来自 VC，但是金额都非常小（50 万美元）。

基金看好这个新的方向，所以通过管理费的少量投入，获取更多前期的案源和更多投后的服务。2012 年的 400 万美元投资更多来自通用电气等传统企业，在传统行业内有深度，通过投资试图与新兴领域项目有更多接触和融合。前后两笔资金按照体量来看，都是投给孵化器管理公司的。

Bolt：硬件（机构＋个人）

Bolt 是一个主做硬件的孵化器，旗下项目的开发成本往往会比软件开发成本要高一些。整个产品的设计也不仅仅需要人员、电脑，还需要机床等工具设备，这些很大一部分都是孵化器会提供的配套设施，除了一般孵化器的场地、导师等服务以外，随着技术的需要以及设备的老化，维护更新成本也会不断提高，对于每个新进入的创业团队也要提供相应额度的投资，这些对于一个没有大企业背景的硬件孵化器来说，融资是未来能够更好地进行服务的一个保障。

• 2013 年 2 月 20 日，孵化器第一轮融资 390 万美元，由 Eran Egozy, Mick Mountz, Bruce Sachs, Brad Feld, Autodesk, Logitech 共同投资

• 2015 年 3 月 2 日，孵化器完成第二轮融资 2500 万美元并增设旧金山分部

第一轮融资主要是由生产出 AutoCAD 的 Autodesk 以及电脑外设大佬罗技（Logitech）带来。Bolt 主做硬件孵化器，进来的初创项目多是硬件方向；罗技是做外设的巨头，但凡大企业的产品都被诟病缺乏创意，而此番投入有望对自家产品输入新鲜血液，从而巩固它们业界老大的地位。现在的硬件产品设计几乎离不开 CAD，而软件方向用得较少，Autodesk 的投资是对未来客户的积累以及对新兴硬

件企业的支持,希望有更好的硬件产品问世,保证自己产品的需求量。米克·蒙兹(Mick Mountz)曾是摩托罗拉的制造工程师以及苹果的产品经理,后自己创业做了仓库机器人公司 Kiva Systems,被亚马逊以 7.75 亿美元买下,布鲁斯·萨克斯(Bruce Sachs),埃兰·叶戈兹(Eran Egozy),布拉德·菲尔德(Brad Feld)与米克·蒙兹一样也是个人投资。第一轮 390 万美元的投资,是传统行业试图与新兴领域项目更多接触和融资。第二轮 2500 万美元的细节并没有披露,但从数目上面来看,将这么大一笔资金投给一个孵化器是相当惊人的。投资商用如此大的代价很大部分为的是以后能够拿到 Bolt 输出项目的优先投资权。第二轮猜测来自 VC 领投,其中大部分资金用于成立专门投资硬件相关项目的早期基金,剩余部分用作孵化器日常运营及人员相关开支。从资金量来看,这笔钱的管理费可能用于孵化器管理公司,其余用于基金。

根据道琼斯风险资源的统计,电子和电脑硬件公司在 2014 年获得的风险投资总额为 25.6 亿美元,YC 董事长萨姆·阿尔特曼称在 YC 的项目中有 15% 是关于硬件的,这也是为何 YC 在 2015 年 3 月与 Bolt 合作的原因,而这样趋势在未来还会保持下去。在这种情况下,好项目的优先投资权无疑有巨大的吸引力。

Obvious：媒体

Obvious 虽然输出的项目不多,但这个孵化器基本都是孵化创始人自己的项目团队,如 Twitter。经过几次转型,Obvious 开设了 Obvious Venture,在孵化自己的项目之余更多地专注于投资,而其获得的 200 万美元对于孵化器未来的人员支出以及对新投资公司的支持也做出了贡献。

• 2012 年 12 月 6 日,获得 Lerer Hippeau Ventures , SV Angel 投资 200 万美元;

• 目前 Obvious Venture 已经募集超过 7000 万美元基金。

Lerer Hippeau Ventures 是坐落于美国纽约的一家种子轮投资公司。SV Angel 是硅谷著名的天使投资机构,在 Twitter A 轮融资的时候也进行过投资,而 Twitter 就是 Obvious 孵化出的成功案例,创建了 Obvious 的埃文·威廉姆斯与比兹·斯通同时也都是 Twitter 的创始人，可见这次的投资和他们长期以来的合作关系密不可分，埃文·威廉姆斯的新公司 Medium 的创立时间也与这次投资的时间很接近，可见 SV Angel 对于这样一个孵化器所输出的企业寄予厚望。2012 年的 200 万美元，可能同样是从 Lerer Hippeau Ventures 的管理费中抽出来投资孵化器的，用于早期获取更多的案源及做更多投后的服务。从后期基金募资超过7000 万美元可以看出，这 200 万美元更多投资的是孵化器运营实体公司。

Tandem Capital

Tandem Capital 正在摆脱由 YC 首创，被大批孵化器和加速器效仿的培养模式。Tandem Capital 设计了一个一年两次的加速器计划，每次包含 6 家创业公司并历时 6 个月。Tandem 背后共有 3 支基金，分别是 Tandem Fund 一期：1100 万美元；Tandem Fund 二期：3200 万美元；Tandem Fund 三期：1 亿美元。

按照其对外披露的将三分之一资金用于扶持创业公司来看，猜测剩下三分之二的资金用于纯粹的财务投资。三分之一的资金用于两点：小金额投资早期创业项目，其余用于孵化器运营和人员开支。

Betaworks

Betaworks 创立于 2007 年，总部位于纽约，是一家很难定性的公司，它不仅仅是创意实验室、电子工作室，还是一家"开公司的公司"。Betaworks 特意声明自己不是 YC 形式的创业公司孵化器，也不是传统的风险投资基金。2012 年，Betaworks 收购了 Digg，帮助这家病入膏肓的社交新闻网站重新焕发了生机；其旗下的 *Dots* 游戏在 iOS 排行榜中名列前茅；由于很早就入股了轻博客平台 Tumblr，所以当 Tumblr 被雅虎斥资 11 亿美元收购时，Betaworks 也获利颇丰。Betaworks 主要投资实时媒体创业企业，包括 Summize，bit. ly，TweetDeck，StockTwits，Superfeedr，Outside. in，OMGPop 和 Gdgt。其中 Summize 已经被 Twitter 收购。Betaworks CEO 约翰·波斯维克(John Borthwick)表示，将使用最新的一笔 2000 万美元用于投资并建立实时媒体创业企业。

Science

Science 创立于 2011 年,位于洛杉矶,Science 的两位创始人分别为 Myspace 前 CEO、迈克·琼斯(Mike Jones)和 Bill Shrink 创始人彼得·范(Peter Pham),Science 计划利用融资支持旗下所孵化公司的早期运营以及业务的扩张,但目前暂不清楚分配比例。另外,Science 还将向非 Science 项目进行投资以寻求更多回报机会;此前,该公司曾投资过 Ouya,BlackJet 和 Wealthfront 等。在投资方面,Science 不设上限,也没有固定的模式,但是 Science 在初创企业中的股权占比很高,达两位数(最高可达 2/3,YC 大概是 7%)。在新闻集团和 AOL 的几年工作经历,让琼斯了解了媒体公司的架构,他意识到,合理的管理结构能够为推出和支持企业提供战略服务,创新性地将媒体公司的架构运用到 VC 和初创企业孵化上。首先他们有一个人才和服务的核心平台,为初创企业提供支撑。平台提供法律、商务专家、设计团队、市场专家、招聘经理。每一家公司都有 CTO,但是 Science 则有一个共享的代码容器,且有额外的开发人员来提供工程支持。其次,Science 建立了若干 B2B 公司,可为 Science 里面其他面向消费者的初创企业提供营销技术。Science 还有一套内部系统来监控几乎所有你能想到的指标,包括社交网络,在所有社交网络媒体上的情绪表现以及与相关领域竞争对手的比较。Science 每轮融资的额度都在 1000 万美元以上,形式从股权、PE 到债券不等。据猜测,其融资都是用于基金投资。

总结

- 资金主体: (1)传统企业; (2)VC/天使投资人。
- 各家目的: (1)传统企业:通过投资试图与新兴领域项目更多接触和融合; (2)VC/天使投资人:获取更多前期的案源、更多投后的服务。
- 资金来源: (1)传统企业,属于集团投资。 (2)VC 分两种,如果是直投基金,一般是从管理费里面出;如果是母基金,则作为常规投资操作。 (3)天使投资人,同样是常规操作。

- 资金分配:（1）孵化器运营公司;（2）孵化器直投基金。
- 资金用途:（1）资金直投（财务投资）;（2）孵化投资（小项目）;（3）孵化器运营;（4）人员工资。

传统企业是通过投资试图与新兴领域项目进行更多接触和融合,投资主体是集团公司,资金量较小,直接投资于孵化器运营公司,用于支持孵化器运营和人员工资。

VC/天使投资人则是为了获取更多前期的案源及更多投后的服务。这里分两种情况:如果投资主体是直投基金,则投资金额较小,从其他基金的管理费中出。用于孵化项目直投,孵化器运营和人员工资;如果投资主体是母基金,则投资金额较大,就从这支基金的管理费中出。且大部分用于财务投资,少部分用于孵化直投,孵化器运营和人员工资。

"智库"是一个怎样的组织

近年来,随着我国推行新的国家战略,"智库"一词逐渐从幕后走到台前。曾经炙手可热的电视剧《琅琊榜》中不乏各色谋士、师爷、门客,从某种角度来说主角梅长苏也是其主君"智库"中的重要一员。"智库"的英文为 Thinktank,即思想库,现指由专家组成的,多学科的,为决策者处理社会、经济、科技、军事、外交等各方面问题,出谋划策,提供最佳理论、策略、方法、思想等的公共研究机构。按照这样一种解释,智库大多为国家政府机构服务,主张非营利性,而如果把概念放开了,咨询公司、顾问乃至普通企业中的某些成员都可以说是智库。

智库是做什么的?

智库是出谋划策,做一些前瞻性的报告,这么说普通大众仍旧没有一个直观的感受。其实智库在滚滚的历史洪流中一直隐藏在种种事件的背后,起着关键性的作用。

外交学会让美国向广岛、长崎投放原子弹

外交学会是美国东部权势集团的对外政策宣传与研究机构,作为美国政府重要智库,自1921年成立以来,所有美国政府都以它提出的政策作为自己的外交政策。外交学会曾为美国政府制定过以下政策:通过纽约库恩・洛布银行资助列宁建立苏联;通过支持南斯拉夫对抗苏联,苏联瓦解后使之解体;让美国卷入二战;指

导战后重建和创建联合国;颠覆苏联、伊拉克;入侵古巴;延长越南战争时间。向日本广岛和长崎投放原子弹是外交学会的意见,"遏制理论"(二战后遏制苏联发展的国家战略,随后出现了冷战时期)也是外交学会的产物。

兰德公司预测"中国将出兵朝鲜"

兰德公司对朝鲜战争的预测使其声名鹊起。当时,兰德公司预测"中国将出兵朝鲜",但美国五角大楼却认为新中国的人力和财力都不具备出兵的可能性。最终,准确言中战争发展和结局的兰德公司让美国政界、军界乃至全世界都刮目相看。

图 5.2　智库的本质

以上两个案例主要是国家军事战略上的,其实在每个领域都有一些智库,分类繁多。而智库到底在做什么,归根结底是在做两件事——预测和献策。

智库的内部组织结构

智库起源于国家政府层面,从历史发展过程来看,智库的发展模式无疑是由一个国家的历史条件、传统文化、政治体制和发展环境等因素共同决定的。在智库与政府的关系模式中,可以划分为两种较为极端的模式:一是独立模式,即智库发展完全独立于政府、党派或利益集团,该模式以美国为代表;二是依附模式,即智库的发展依附于政府或某一利益集团,智库的发展及观点受制于"智库投资方"的影响,多数国家的智库发展均属于此种模式。在实际的智库运作过程中,多数智库是介于独立与依附之间,差异在于偏向于哪一端,我国的智库绝大多数依附于政府,民间智库稀少。

资金来源

- 政府出资（独立模式智库一般不接受）

- 专项基金

- 基金会和个人的捐助

- 大公司的捐助

- 会费（有些智库有会员制，如伦敦国际战略研究所）

- 出版物收入

人员内部架构

智库的人员结构比较单一，一般由数十名行政人员加上数百名专家研究人员组成。但是并不是专家越多的智库越牛，最终还是要看这个智库对一些重要事件的预测和方案的被采纳率及其结果和成效。

研究方向

永远不会有全能的智库，就像没有一个投资人能看准所有行业的项目一样，智库大多也是"术业有专攻"，一个智库往往都是专精研究某个垂直方向的，这也是为何尽管大多为非营利性质，但像美国、中国这样的大国，智库的数量有成百上千个。

输出渠道

- 定期的大会和论坛

- 研究报告

- 出版物

全球知名智库

美国:布鲁金斯学会

该智库是在 1927 年由政府研究所、经济研究所与罗伯特·布鲁金斯研究院合并而成，主研经济和政府与对外政策。

- 胡佛政府时期，圣劳伦斯航道的计划

- 二战时，帮助政府建立和管理了各种战时机构

- 二战后，马歇尔计划的主要拟定者

• 20 世纪 60 年代以来,为每届新政府提供一份执政中面临的主要问题和综合概述的报告

• 肯尼迪总统进入白宫后,该会的研究人员参加了制定"新边疆"构想的各种特别工作小组,为肯尼迪政府从空间研究计划到制定经济政策提供意见

• 在约翰逊执掌政府时期,协助政府拟订"伟大社会"的方案

• 在卡特总统时期,参与从韩国撤军,拟定中东政策等

英国:伦敦国际战略研究所

1958 年 11 月,伦敦国际战略研究所由英国学术界、政界、宗教界和新闻界人士发起创立,当时称布赖顿协会。该研究所主要研究核时代的国防安全和防务政策,素有"战略思想库"之称,是世界公认的从事安全和战略研究的权威国际研究机构之一。

该研究所通过每年的年会与著名的出版物影响世界:

• 《伦敦战略研究所战略评估》(年度报告)

• 《军事均势》(年度报告)

• 《生存》(季刊)

• 《战略评论》(月刊)

此外,该机构还定期举办年会,一次讨论一个"具有全球重要性的主题"。

法国:法国国际和战略关系研究所

法国国际和战略关系研究所(Institut de Relations Internationales et Stratégiques)是一个独立的研究机构,虽然只有 14 年的历史,但由于其与政府和国际组织关系密切,是法国国防部 6 个最重要的研究合作伙伴之一,因此在法国国际问题研究领域占有不可忽视的地位。其主要领导人有:

• 董事康德苏担任过 IFM 总裁和法国总统希拉克的私人代表

• 蒂埃里·德蒙布里亚尔(外交部分析和预测中心主任)

• 执行所长皮埃尔·勒佩蒂(总理府副秘书长,外交部部长特别顾问)

• 负责欧洲问题研究的马克西姆·勒费弗尔(外交部战略事务司,外交部部长技

术顾问，法国驻柏林使馆参赞）

• 研究美国问题的让-玛丽·波冈（欧盟贸易政策委员会法国发言人，法国经济部长的国际问题顾问）

智库为什么能吸引众多行业专家？

如果问世界上什么组织坐拥最多专家学者，那无疑是各个国家的智库，有趣的是智库大多为非营利性组织，那么他们到底图些什么？《琅琊榜》里国舅言阙问梅长苏，作为江湖第一大帮的宗主，又是麒麟才子，他为何要来帮助没有任何势力的靖王登位？当时他说的是为名为利，因为天下人不外如是，这是掩饰真正原因的托词。其实智库就像是一个平台，行业里的专家精英如果是著名智库的一员，参与了某些政策的制定，无疑为他的职业人生镶上了一条永久的金边，而这样的名头更凸显了他的专业程度和地位。

智库存在的真正价值和意义

无论是国家机构还是企业的发展和竞争，首先要有发展规划，而智库的智力水平和人才储备及其影响力都间接决定了决策层的智商。以现在世界上智库规模最大的美国来说，其智库甚至左右着美国的各项重大决策，也是美国政治权力结构的重要组成部分，被称之为"影子内阁"。二战时投放原子弹、"中国威胁论"、次贷危机这些观点和决策，背后都有智库的支持。最终智库所预测的结果未必都十分准确，就算当时提出了正确的方案，也未必能得到决策机构的青睐，这也是为何现如今大部分高级智库都依附于政府，许多智库的专家还出任政府官员，制定国家政策。就像创业公司融资需要给投资人兑现回报一样，智库的资金来源大大影响了智库的客观和独立性，完全国有化的智库的输出一定会有政治偏向性。纵使梅长苏有通天之才学，没有了主君，也不过是一介布衣，是一名普通的江湖人士。即便有些智库不接受政府资助，也不会完全游离在政府之外。

智库的存在意义并不是讨好决策者或者是成为政府政绩的说客，而是不管在何种情况下都努力做出最冷静、客观的分析和预测的智者，并且建立起自己的威望和影响力,尽可能地让决策者采纳其意见。虽然及不上唐朝时期直言不讳的魏徵,不过智库的理想状态从来都是如此。

智库,是一种在形态上需要保持独立客观,实质上无法完全保持独立客观的知识精英组织。

未来：智库型孵化器的崛起

过去两年的回顾

每年年初，我都会写一篇有关本年度孵化器发展趋势的文章。

2015年的未来趋势预测写的是：

趋势1：结构上，单一背景的孵化器将逐渐弱化，多方背景的孵化器将逐渐凸显出优势；

趋势2：经历了早期荒蛮和中期的泡沫，现在的孵化器发展到了差异化的时代，如何体现差异化是今后的重点，所以以专注细分领域为标签的孵化器将更有优势；

趋势3：孵化器将越来越向创业公司靠拢，更加市场化的孵化器能吸引更加优秀的人才，运营效率也更高效。孵化器发展的市场化势不可挡。

2016年的未来趋势预测写的是：2016年将是孵化器市场洗牌的一年。

而2017年之后，智库型的孵化器将会逐渐成为主流。

2017年的现状

从背景来看，政府和创投背景的孵化器将会逐渐退出市场，学校背景的孵化器将会呈现饱和，而地产和企业背景的孵化器将会有更大的发展。

政府和创投的退出

政府背景的孵化器往往会出现效率低下、方向不明确的情况。未来政府的孵化器,大部分将会放手给市场化的品牌去运作;少部分的仍会保留,用来支持一些基础性的、短期内没有产品和营收的行业领域。创投背景的孵化器同样如此,孵化器作为一个重资产的部门,在前端吸引案源和进行投后服务,对 VC 来说仍然有一定作用。但是由于投入的是重资产,其结果难以量化,自营并不是一个明智的选择,未来与空间及其他品牌孵化器合作是一个更好的选择。

学校孵化器的饱和期

孵化器对于学校来说,主要作为对外推广学校品牌,对内联合毕业校友的工具。但其弊端是,作为这样的一个功能实体,每个学校最多做 1～2 个作为品牌公关,并没有继续扩张和复制的需求。

地产和企业孵化器的发展

我们判断,地产和企业在未来 1～2 年将在孵化器领域投入更多。孵化器针对中小企业提供联合办公的功能,是大地产行业物业形态的一种。从结果来看,2016年,各个地产领域的老大,都继续通过自建、投资和与品牌合作的方式进入了联合办公领域。甚至有一些做得较大的,开始涉足特色小镇的拿地与开发。成熟企业同样如此,随着制造业转型需求的不断升级,创新成为企业转型过程中非常重要的组成部分。而企业内部原有的创新实验室,也在逐渐和外部市场化的孵化器品牌合作,用来解决内部创新效率低下,无法产品化的核心问题。

智库驱动是下一个大方向

第一代孵化器,多具有政府和房地产企业背景,主要依托空间驱动;第二代孵化器,有更多的创投机构开始介入,并逐渐转向投资驱动。而未来的孵化器,将会把更多精力放在咨询和服务上,一来为了提升价值和差异化,二来为了给客户提供更多有价值的服务。

空间＋智库,是下一个大方向。

具体操作

　　首先，需要梳理孵化器背后的资源，包括团队本身的背景以及周边其他孵化器、办公空间、投资机构和服务机构的资源。找到适合并且属于自己特色的孵化服务方向。其次，通过各种机制（包括前文提到的流动图书馆）提高团队内部对于各个行业的整体知识结构。最后，通过各种形式，包括文字、播客、视频和活动，把沉淀下来的内容传播出去。

图 5.3　STORIES 的 logo

STORIES 的过去和未来

　　回归到 STORIES 自身，2015 年算是 STORIES 的筹备期，主要是对于孵化器整体的思考和反省，对于未来的定位和组队。2016 年则是练内功，或者说小流量测试阶段，专注做好线下的第一个自营空间以及线上的新媒体品牌。从 2017 年开始，STORIES 逐渐尝试走出去（拓展期），守正之后出奇，不仅是通过单独的空间，更多是联合孵化模式、人脉网络以及工具产品的方式综合发展。

　　我们希望 STORIES 每一个新的项目都不只是提供一个新的空间，而是为那个产业带来一些新的东西。

流动图书馆的盛行

前面文章提到，越来越多市场化运营的孵化器，正在将自己的注意力从单纯的场地租赁、项目投资，转移到现在的孵化服务上来。孵化服务，广义上有点类似于咨询服务。而作为服务提供方的孵化器，在未来会越来越像一个智库。

我们认为孵化器像智库是一件好事，但问题是大部分的孵化器从业人员，并没有咨询行业背景，对于如何做一个好的智库完全没有概念。要做好一个服务提供人员或者咨询师，本身需要有很强的知识背景，还要有对于新兴行业领域的快速学习能力。

为了做好这些工作，我们在内部建立起一个流动图书馆。我们认为，一个好的孵化器，应该建立起一个好的知识系统，需要对过去知识进行系统学习，所以要进行更多的阅读。阅读光有书架是不够的，要有书，要会挑书，发现好书，让优秀的知识能够流动起来。所以流动图书馆的概念，是一个很好的解决方案。

一年又快过去，你是否曾经计划这一年要多看几本书，然而买了几百块钱的书堆在家又不想看了？抑或是入了电子书的"坑"，对书架上的纸质书不管不顾？再或者你没有空间来安置对你来说可有可无的书，这些书是不是逐渐变得碍眼了？现在我们给书提供了更好的去处——流动图书馆。

维基百科对流动图书馆的介绍是：

"流动图书馆，是一种用作图书馆的大型车辆（大客车或大货车改装而成），主要为非常偏远、人口稀少的地方提供服务。早期的机动车辆还未大量出现时，流动图书馆通常是以马车形式出现的。随着社会不断进步，汽车、电车等公交工具逐渐普及，流动图书馆所使用的交通工具也发生了变化。"

其实企业和联合办公,非常适合用来做流动图书馆的空间。2016年,我们和墨社(Mozzos)以及书in空间尝试共同发起了在空间内部的流动图书馆活动。

有时候,我们把一本书当作礼物送人,书的内容饱含了情意和祝福;有时候,我们把书推荐给困惑的朋友,这本书就传递了我们的建议;有时候,我们把一本书捐给需要的人,或许就能启发他人,给他人指引方向。

捐书活动,不仅帮助你"处理"掉一些书籍,同时也是一个环保项目,让一本书流通起来,与更多的人分享文字的力量,让对你来说"无用"的东西对他人有用,让共享做出更大的价值。

我们希望这个活动的发起,能让书的意义从你手中得到延伸。

后记

量化自我,输入与输出

这是第二本与我所从事的工作——孵化器有关的书。如果我把所有工作的内容和经历视为输入物,那么《如何定义孵化器》与《孵化未来》就是这些经历和内容的输出物。

如果再深入量化拆解,位于输入端的是:6 年工作时间,10000 平方米管理空间,两支基金,100 项以上的服务项目。位于输出端的是:第一本书《如何运营孵化器》有 4 个章节、18 万字,第二本书《孵化未来》,有 5 个章节、15 万字。

量化自我是一件很有趣的事

量化自我是一件很有趣的事情。量化自我(Quantified Self)一词来源于连线杂志主编凯文·凯利(Kevin Kelly)和盖里·沃尔夫(Gary Wolf),他们在 2008 年提出这个概念,用来借指那些不断探索自我身体(hack the self),以求能更健康地生活的人们。我们现在听到的量化自我,更多是和硬件可穿戴设备联系在一起,例如:Fitbit、Jawbone、小米手环、Apple Watch 等。通过预装在硬件内部的各种传感器,高频收集个人的睡眠、运动、饮食等数据。希望借此起到自我监控和了解,从而改善个人的饮食、作息和运动等目的。

更广义的量化自我,不止在生理层面,更在精神层面。我们每天看的书和电视节目,听的播客广播,见的人,聊的天,开的会,都是精神层面的输入。而我们每天开会做的决定,写下的文字,录制播客节目,都是精神层面的输出。

我的 2016 年,读完了 40 本书,写了 17 篇读书笔记和 3 篇书评。看了 110 部电影/电视作品,写了 4 篇影评,做了 6 集播客聊电影。听了 30 多个不同品牌的播客节目,写了 3 篇聊到播客的文章,参与制作了 45 集的播客节目。看了 3 部音乐剧,做了一集播客聊音乐剧。出国旅游只有一次,但写了两篇文章,做了两集播客聊旅游。当然,上半年还出版了这本书的上册《如何定义孵化器》。

输入一些有趣的内容,输出一些有用的东西

量化自我和所有人一样,有一些输入(电影、电视、播客、书籍),有一些输出(博客、播客、书籍)。希望未来我能继续输入一些有趣的内容,输出一些有用的东西。

我所有的工作输入,帮助我写出了《如何定义孵化器》和《孵化未来》。如果说《如何定义孵化器》是理论部分,那么《孵化未来》就是实践部分。我在这本书里有写到,我们所理解的孵化器是一个更宽泛的概念,我们正在从事的是一件"驱动创新"的工作。只是目前,人们把这件工作包装在一个叫"孵化器"的名词里。有关"孵化器"的内容,在蓝狮子的帮助下完成了理论和实践层面两本书的出版,我感觉已经比较系统和完整了。

未来,我会继续写一些和"驱动创新"有关的内容。希望能有机会和你们见面,也希望你们会喜欢。

图书在版编目（CIP）数据

孵化未来 / 梅晨斐著 . —杭州：浙江大学出版社，
2018.1
ISBN 978-7-308-17728-3

Ⅰ.①孵… Ⅱ.①梅… Ⅲ.① 互联网络－应用－创业
Ⅳ.①F241.4-39

中国版本图书馆 CIP 数据核字（2017）第 318532 号

孵 化 未 来

梅晨斐 著

策　　划	杭州蓝狮子文化创意股份有限公司	
责任编辑	杨　茜	
责任校对	杨利军　韦丽娟	
封面设计	卓义云天	
出版发行	浙江大学出版社	
	（杭州市天目山路 148 号　邮政编码 310007）	
	（网址：http://www.zjupress.com）	
排　　版	杭州中大图文设计有限公司	
印　　刷	杭州钱江彩色印务有限公司	
开　　本	710mm×1000mm　1/16	
印　　张	16	
字　　数	242 千	
版 印 次	2018 年 1 月第 1 版　2018 年 1 月第 1 次印刷	
书　　号	ISBN 978-7-308-17728-3	
定　　价	49.00 元	